ちくま文庫

武道的思考

内田樹

筑摩書房

文庫版のためのまえがき

みなさん、こんにちは。内田樹です。

『武道的思考』が文庫化されることになりました。

『武道的思考』は二〇一〇年に筑摩選書が創刊されたときに、シリーズ第一巻という名誉ある番号を頂いて刊行されました。出てから一〇年近く経ち、文庫に化粧直しして、再びのお勤めということになりました。手ごろな価格になって多くの方にお読み頂けることになるのは、書き手としてはとてもうれしいことです。筑摩書房のご厚意に感謝申し上げます。

本書は、ご覧頂ければわかるように、書き下ろしではなく、さまざまな媒体に寄稿したものやブログに書いたものを筑摩書房の吉崎宏人さんが丹念に拾い集めて、編集してくださったものです。

こういうコンピレーション本では、僕が食材を提供して、それを編集者が料理するという分担になります。出来上がるものを見るまで、僕自身にも、それがどんな本になるか分からない（野菜を出荷した農家が、それがどんな料理になるのか予測できないのといっしょです）。とりわけ、この本を出した頃は、大学の学務がすごく忙しかったので、出たばかりの自著の新刊を熟読する余裕がありませんでした。ですから、たまに「『武道的思考』読みましたよ」と読者の方に声をかけられても、「あ、そうですか。や、どうも」とあいまいな顔で微笑むしかできなかった。書いた本人なのにどんな本だったかよく思い出せなかったからです。

それから約一〇年経って、文庫化することになったので、ゲラが送られてきました。そして、読んでみたら、「ふうん、こんな本だったのか」とちょっとびっくりしました。

「あとがき」に「不穏な本」と書いてありましたけれど、たしかにかなり「挑発的な本」でした。「こんなこと書いちゃっていいのかな……」といまならちょっと逡巡するようなことが気にせず書いてあります。

ブログに書いたものは、もともと出版されることを予想しないで、「顔の見える読者」宛てに書いたものですから、「歯に衣を着せる」というような配慮がほとんどありません。でも、編集の吉崎さんはどうやら好んで「そういうもの」を選び出したようです。

当時、編集部内でも「こんなの出して大丈夫なのか?」というような懸念が表明されたことがあったんじゃないでしょうか(僕が吉崎さんの上司だったら、一応は確かめます。「吉崎くん、大丈夫なんだろうね。こんな本出して。ややこしい筋からクレームとか来ないよね?」)。文庫化されたということは、その懸念はクリアーされたということなんでしょうね。きっと。

本書で扱われているトピックは武道だけには限定されません。教育問題も論じていますし、政治のことも、文学のことも、歴史のことも、結婚や家族のことも論じています。それらの論件がいずれも「武道的」に思量されているというのがタイトルの由来だろうと思います(自分でつけたタイトルのはずなのに、「思います」で申し訳ありません)。でも、たぶんそうです。

「武道的に思量する」「武道的にふるまう」というのは、どういうことか。それについて現段階での僕の理解をここに書いて「文庫版のためのまえがき」に代えたいと思います。

第一に、それは「ありもので間に合わせる」ということです。

戦場においては、ものが足りなくても、コンビニで買い足すことも、Amazonで配達してもらうこともできません。装備が貧弱でも、兵士の練度が低くても、「こんなのじゃ戦えない。いいのに替えてくれ」というわけにはゆかない。手持ちの資源をやりくりして急場をしのぐしかない。「ありものの使い回し」しか許されない。理想とか、「本来あるべき姿」とか、そういうものと現状の乖離について泣訴することができない。

手持ちの資源をやりくりして、なんとかしのぐしかない状況のことを「急場」と呼ぶわけで、武道というのは、「急場」において適切なふるまいをするための技術のことです。

「手持ちの資源をやりくりする」というのは、言い換えると、手持ちの資源の蔵している潜在可能性を最大化するということです。言葉はシンプルですけれど、実はなかなか複雑な仕事を要求します。というのは、それができるためには、その前段として、一つやっておくべきことがあるからです。

「前段として」「やりくり」の前にやっておかないといけないことがある。

武道的というのは、本質的には「対症」ではなく、「予防」の心構えのことです。

トラブルが起きた後になって、ややこしいタスクをてきぱきと処理する人の「対症的」な手際はたしかに見事なものですし、その能力を高く評価する社会も存在します（たとえば、アメリカはそうです）。でも、ほんとうは「トラブルが起きる前に、その芽を摘んでおいたり、巻き込まれないように気づかっていた人」の予防的配慮の方が武道的には卓越していると僕は考えます。堤防が決壊したあとに、濁流から鮮やかに逃れる超絶的な能力よりも、堤防の「蟻の穴」をみつけて、そこに小石を差し込んで、洪水を起こさないようにする配慮の方がより武道的だということです。

リスクを事前に察知して、破局的事態に際会しないように身を処すこと、それがさしあたり「予防的」ということですけれど、これにはもっと積極的な意味もあります。それは、急場において大きな力を発揮できるような「手持ちの資源」をあらかじめ仕込んでおくことです。

まだ何も起きていない時点から、つねに「豊かな潜在可能性を蔵しているもの」に目を配り、それをこつこつと収集しておいて、それによって「手持ちの資源」を構成しておく。

本書にも「ブリコルール（bricoleur）」について書いた文が収録されていますけれど、「ブリコルール」というのは、「ありものの使い回しで用を弁ずることができる人」のことです。その辺にある材料や道具で、「本棚」や「犬小屋」を手際よく作ってしまう日曜大工のことです。でも、ただの「器用な人」ではありません。ブリコルールであるためには、それなりの修練が必要です。

レヴィ＝ストロースが『野生の思考』で取り上げたマトグロッソのインディオたちは、ジャングルの中で「何か」と目が合うと、それをとりあえず背中の合切袋に放り込みます。移動民ですから、それほど大きな荷物は運べません。自分で背負えるだけです。さて、その場合、資産として選択されるのは何でしょう。「そのうち何かの役に立ちそう」と思われたものです。

そのうち何かの役に立ちそうだけれど、いまは何の役に立つのか、わからない。何の役に立つかわからないけれど、先駆的にその有用性が直感される。

そういう直感能力が人間には具わっています。そのような能力が具わっていたからこそ、人間は「道具」というものを制作することができた。僕はそう思います。

人間が道具を制作したのは、まず「こういう道具を作ろう」というアイディアが先行して、それに必要な素材を集めて作ったという順番ではないと僕は思います。逆です。まず、「いまは何の役に立つかわからないけれど、何か心惹かれるもの」が目に留まる。それを拾い上げて、手元に置いておく。そして、ある日、ふと「それ」を使うと「こんなもの」が作れるということに気づく……。そういう順番で人類は道具というものを創り出したんだろうと僕は思います（見てきたわけじゃありませんが）。でも、そうであるはずです。そういう能力を選択的に発達させておかないと、資源の乏しい環境を生き延びることはできませんから。

「いずれ何かの役に立ちそうなもの」の有用性を先駆的に直感できる能力は、「いずれ死活的なリスクをもたらす可能性があるもの」の有害性を先駆的に直感できる能力と裏表のものです。「いまは何の役に立つかわからないけれど、そのうち役に立ちそうな気がするもの」を感知できる力と「いまはとりわけ危険なものに思われないけれども、そのうち命とりになりそうな気がするもの」を感知できる力は同じひとつの能力の別の現れ方です。

ジャングルの中で暮らすインディオたちは、肉食獣や毒蛇がうごめく環境の中で暮らしているわけですから、「こっちに行ったら、なんだか悪いことが起きそうな気がする」という危機察知能力はきわめて高いはずです。

なにより、その能力は幼児のときから教えることができます。野獣と戦う技術はとても子どもには習得できませんし、成人でもよほど身体能力が高くないと習得できないかも知れない。けれども、危険の接近を遠くから感じ取るセンサーの精度を上げることなら、子どもにもできる。危険が接近すると「ざわざわする」とか「肌に粟を生じる」というような身体反応は適切なプログラムを整備すれば、選択的に強化することはできる。

僕はいまのところ「武道的」ということを、この二種類の予防的なふるまいのことと理解しています。リスクに「対症」的に対応するのではなく、「予防」的にふるまうこと。手持ちの資源の蔵している潜在可能性を、それが顕在化・可視化・数値化されるより前に感知できること。それがかたちをとるより以前に、危険の接近が感知でき、有用なものの有用性を感知できること。少しだけ時間をフライングすることです。

僕は武道の修業というのは、この「少しだけ時間をフライングする」能力の涵養だと思っています。そういう言葉づかいで武道について語る人はあまりいませんが、僕はそうだと思っています。昔の武人はそう言っていたように思えるからです。

武道の術語に「機を見る」というものがあります。自分が置かれている状況の意味を先駆的に直感することです。柳生宗矩の『兵法家伝書』にはこうあります。

一座の人の交りも、機を見る心、皆兵法也。機を見ざればあるまじき座に永く居て、故なきとがをかふゝり、人の機を見ずしてものを云ひ、口論をしいだして、身を果す事、皆機を見ると見ざるにかゝれり。座敷に諸道具をつらぬるも、其の所々のよろしきにつかふまつる事、是も其の座を見る事、兵法の心なきにあらず。

機というのは現代語で言えば「タイミング」です。自分が「いるべき時／いるべきでない時」を識別することです。人との交わりには機を見る心が要ります。いるべき時に、いるべき場にいれば、巧まずして大きな成果を得ることができる。逆に、いるべきではない時に、いるべきではない場にいると（英語では wrong time wrong place と言います）、思わぬ災厄に巻き込まれ、ついにはそれがもとで命を失うこともある。

昔からそうだったんです。今でも、僕たちが日常的に遭遇するトラブルって、だいたい「こういうもの」です。だから、昔の侍は用事のないところには出かけなかった。「どうしても、あなたにはこの時に、ここにいて欲しい」とピンポイントで懇請されてはじめて腰を上げた。

座敷に道具を配するのには「座を見る心」が要ると宗矩は言います。それをただ「インテリアデザインのセンスがいい」というような審美的な意味で解してはならないと思います。そんなことは「兵法」とは言われません。宗矩が言っているのは、「ブリコルール」の心得です。

武士が座敷に置くことが許された諸道具はごくごく限られたものです。それを「所々のよろしきにつかふまつる事」というのは、数量的には最少の、にもかかわらず潜在可能性において最大であるような道具を選べということです。

塚原卜伝は不意打ちに斬りかかられたときに、とっさに「鍋の蓋」で剣を制したという話が知られています。これは「手持ちの道具で急場をやりくりする」能力の高さを顕彰したものですけれど、同時に「手持ちの資源には、「いつかこれが死活的に重要になるかも知れない」と思われるものを選べ」、道具の配列に際してはまず「座を見よ」という武人の心得を伝えたものとして解せると僕は思います。

以上がいまの時点での、僕の「武道的」ということの理解です。

物資が潤沢で、社会が平和で安全だった時代には、こういうことを僕が力説しても、あまりはかばかしい反応はありませんでした。でも、時代はずいぶん変わりました。現代の日本はもう以前ほど豊かでも、安全でもありません。「金さえあれば欲しいものは何でも手に入る」というような言葉に同意する人はさすがにもう若い人の中には見出し難くなりました。

人類史のほぼ全期間、人間は手持ち資源の潜在可能性を考量する力、災厄を事前に感知する力を高めることで、生き延びてきました。「武道的」な生き方の方こそが、もともとは人類の初期設定なんです。「武道的」でなくても生きてこられたここ半世紀ほどの日本の方が人類史的には例外なんです。でも、残念ながら、もうそういう時代は終わりつつあります。僕たちは来るべき時代に備えて、「初期設定」に立ち返る必要がある。僕はそう考えています。そういう歴史的文脈に即して本書を読んでいただけたらと思います。

武道的思考　目次

第三章　武道の心・技・体

武道的思考

まえがき

みなさん、こんにちは。内田樹です。

本書はこれまで僕がブログや各種媒体に武道について書いた文章を一冊にまとめたものです。武道論をまとめるのはこれで二度目で、前に『私の身体は頭がいい』（二〇〇三年新曜社／二〇〇七年文春文庫）という本を上梓《じょうし》しています。本書はそれ以後に書かれたものを中心に筑摩書房の吉崎宏人さんが丹念に拾って編集してくださったものです（吉崎さん、お手数かけました）。

僕はいろいろなトピックについて文章を書いているので、「いったい本業は何なのだ」とよく問われますが、主観的願望を言わせていただければ、「本業は武道家」です。

大学の教師は「武道家では食えないので、たずきの方便としてやっていること」で、その大学の教師もあと少しで停年退職を迎えます。その頃に阪神間に自分の道場も建つ予定ですので、そうなると、一年三百六十五日、朝から晩まで稽古三昧《ざんまい》の日々を過ごすことができるようになります。「兼業武道家」から「専業武道家」への移行の節目の時期に、武道論を集成した本を出すことができますのは、たいへんにうれしいことです。

ここまで読んだ方の中には、『本業は武道家』とはまた大きく出たものだ」と軽く口元を歪めた方がおられるやも知れません。

「ウチダは言うほどの腕なのか……」という疑念がいま、心にふと兆したでしょう。

いや、隠さなくてもよろしいんです。

わかるんです。そういうことは。

武道家ですから。

僕が武道をしているというと、ほとんどの人はまず「何段ですか?」と質問してきます。

以前大瀧詠一さんとおしゃべりしていたときに、大瀧さんの福生のスタジオに来たお客さんたちは、まず例外なしに、スタジオの膨大なレコード・コレクションを見て「いったい、何枚あるんですか?」と訊くという話を伺ったことがあります。

大瀧さんはそういう質問には答えないそうです。そんな質問に答えても、それは大瀧さんの音楽性について何も語ったことにはならないから。「レコードは十万枚あります」と答えたとしても、「へえ、すごいですね」で終わりです。

「何段ですか？」もそれと同じ。

「合気道七段です」「はあ、そうですか」

それで終わりです。

訊いた方は何かわかったような気になっている。インタビュー記事の巻末のプロフィールに「合気道七段の武道家でもある」と書いてくれる。でも、書いている本人も読んでいる人たちも、それがほんとうのところ何を意味するのかは、よくわからない。

気になる人は、さらに「それって、どれくらい強いんですか？」と訊いてくる。

「何段ですか」の次は「それって、どれくらい強いんですか？」

この質問をこれまでの人生で百回くらいされたような気がします（ちょっとオーバーですけれど、実感としては）。

どれくらい強いんでしょうね。

誰かと比べたことがないし、そもそも「強い」ということを基準に武道の修業をしていないので、答えようがありません。

画家に向かって「キャンバス一枚を何分間で描けますか」と訊いても、作家に向かって「一日最高何字まで書けますか？」と訊いても、たぶんはかばかしい答えは得られないでしょう。やっていることの本質とは関係ないから。それと同じように、僕も「どれくらい強いんですか？」と訊かれても答えようがありません。

本書の中で繰り返し述べていますけれど、武道の本旨は「人間の生きる知恵と力を高めること」であり、それに尽くされるからです。

でも、「生きる力」というのは他人と比べるものではありません。「生きる力」にはいろいろなものがあります。

例えば「胆力」というのはその一つです。危地に臨んで動じず、平静な気持ちを維持できる人間は、そうでない人間よりも生き延びる確率が高い。でも、胆力は他人と比較するものではありません。「世界胆力選手権」というようなものを開催して、これを定量的に競うことはまったくのナンセンスです。

トマス・ハリスによれば、ハンニバル・レクター博士は看護婦の顔に食いつき、ばりばりとその顔の肉を食べているときにも脈拍血圧に変化がないそうです。驚嘆すべき胆力と言う他ありませんが、それではというのでレクター博士をチャンピオンに認定し、世界胆力自慢の若者たちが「追いつけ追い越せレクター博士」というような努力をすることにどういう意味があるのか、僕にはわかりません。そういうことはあまりしない方がいいような気がします。

「何でも食べられる」というのも「生きる力」のうちでは際立った能力です。食物資源の乏しい環境においては、この能力を備えた個体はあきらかにそうでない個体よりも生き延びる確率が高い。けれども、これも他人と比べるものではないと思います。「何でも食べられる」能力を競って、最後に勝ち抜いたチャンピオンが振り返ると、そこには「食べられないものをむりやり口に詰め込んで死んだ競争相手」たちの累々《るいるい》たる屍骸が連なっているはずですが、そんなことをして何の意味があるのか、僕にはよくわかりません。

「どこでも寝られる能力」も「誰とでも友だちになれる能力」も、いずれも生き延びる上では死活的に重要な能力であり、それをつねに高いレベルに維持しておくことは合理的なことです。でも、それもやはり他人と比べるものではありません。「どこでも寝られる能力世界チャンピオン」が振り返ると、そこには「そこで寝てはいけないところ（オオアリクイの巣の上とか）で寝てしまった」ライバルたちの累々たる屍骸が連なっているはずですし、「誰とでも友だちになれる能力世界チャンピオン」が振り返ると、そこには「友だちにならない方がよい人（シリアル・キラーとか）と友だちになってしまった」ライバルたちの……（以下同文）。

そういうことです。

生きる能力は他人と比較するものではありません。比べてよいのは「昨日の自分」とだけです。昨日の自分よりは胆力がついたか、昨日の自分よりはリラックスできているか、昨日の自分よりは包容力が豊かになっているか……そういう点検は自分自身の心身の状態を自己点検するためにはたいへん有用なことです。でも、他人と比べるものではない。

澤庵禅師の『太阿記』の冒頭はこんなふうに始まります。

蓋《けだ》し兵法者は、勝負を争わず、強弱に拘《こだわ》らず、一歩を出でず、一歩を退《しりぞ》かず、敵、我を見ず、我、敵を見ず。天地未分、陰陽不到の処に徹して、直ちに功を得べし。

我が師、多田宏先生（合気会師範、合気道九段）がよく道場で朗朗と誦されますが、正直言って、僕にも意味がよくわかっているわけではありません。わかるのは最初の方だけで、とりあえず勝敗強弱を論じているうちは武道の話は始まらないということです。

もちろん競技的スポーツをやっている方たちは「強弱勝敗や優勝劣敗にこだわるのがなぜいけないのか」とちょっとイラつき気味に反問してくるでしょう。いけないと言っているわけじゃないんです。アリーナの中で、ルールがあり、制限時間があり、何かあったら審判が「中止」してくれるところでやるなら、いくらやっても構わない。

でも、武道が想定している状況はそういうものではありません。武道が想定しているのは危機的状況です。自分の生きる知恵と力のすべてを投じないと生き延びることができない状況です。

しばしば使う比喩ですけれど、「競技」が想定しているのは、アリーナの中での「試合」です。その試合での競争相手との相対的な優劣が問われている。武道が想定しているのは、そのアリーナにいきなりゴジラがやってきて、観客席が踏み崩されるような状況をどう生き延びるかという問題です。この比喩を使うと誰でもすぐにわかるのは、競技に勝つためには「ライバルよりも高い運動能力を発揮する」という正解一つしかありませんが、武道的な問いには単一の正解がないということです。例えば、もっとも武道的な正解の一つは「そもそも人がたくさん集まるところには行かない」というものです。野原のまん中でゴジラに単身遭遇する不運は誰にも避けられませんが、「人がたくさん集まるところには行かない」人は、逃げまどう人々に突き飛ばされたり、踏みつぶされたりするリスクを最小化することができる。あるいは、「何が起きているかよくわからない混乱の中で、断片的情報から今起きつつあることを適切に推理する力」もゴジラ的カタストロフを生き延びるためにはきわめて有用なものです。自分にそのような推理力がなくても、「こっちへ逃げろ」「いや、ここにいた方がいい」というような複数の相反する指示が飛び交うときに、「一番信頼性の高い提言を行っていそうな人を見当てる力」も有用な能力です。

　というように、生きる知恵と力というのは、単一のものではありませんし、そもそも他者と比較考量するものではありません。というのは（ここまで読めばだいたいご想像がついたでしょうけれど）、「生きる知恵と力」とは「生き延びるチャンスを増大させるもの」をいかに多くすることができるかという問いでしか考量できないからです。それは、他の人にとっては「そんなことをしても何の役にも立たないこと」、「何の意味もないもの」が自分には役に立ち、意味があると思えるということです。目の前の世界が自分に固有の仕方で経験されているということです。他の誰によっても感知されないような意味を世界から引き出すということです。疎遠な世界を親しみに満ちた世界に書き換えるということです。

シャーロック・ホームズはスコットランドヤードが「何の手がかりもない」と立ち去った殺人現場を拡大鏡片手に観察し、「至る所に手がかりが残されている」と満足げに微笑みます。ホームズにとっての世界は警官たちのそれよりも親しみ深く、意味にあふれている。それがホームズの推理の優位性をかたちづくっています。彼の眼には他の人の眼には無意味に見えるものが意味をもって立ち上がってくる。プロフェッショナルというのは、そういうものですね。

人には見えないものが見える。

この間工藤光治さんという白神山地のマタギの方とお話しする機会がありましたが、工藤さんは地図もコンパスも持たずに、道のない山の中を歩くことができるそうです。それは工藤さんが白神山地のすべての稜線の「表情」を熟知しているからです。私たちが人間の顔を識別するように、工藤さんは稜線やV字谷を識別することができる。僕はこれが「生きる知恵と力」の本源的なかたちだと思います。それは世界への踏み込みの深さのことです。それによって世界から豊かな意味を汲み出す営みのことです。それは繰り返し言うように他人と引き比べるものではありません。その営みの相対的な優劣は論じても意味がない。

そう考えると、澤庵禅師の言う「天地未分、陰陽不到の処に徹し」というフレーズの意味が少しだけわかるような気がします。
「天地未分、陰陽不到」とは記号学的に言い換えれば、「いまだ意味として分節されていない、アモルファスな世界」というふうに言えるでしょう。私たちはそのような世界を前にしている。試合場の「内」と「外」を仕切る線がない。「フェア」と「ファウル」を識別するルールがない。「始まり」と「終わり」を宣告するレフェリーがいない。それが私たちに与えられたリアルな世界です。そこに「徹する」しかない。非分節的世界に分節線を引き、そこに意味を賦与する仕事、世界に深く踏み込んでゆく仕事は他の誰によっても代替《だいたい》され得ない。それは私たちひとりひとりで果たすしかない仕事です。そして、そのようにして、自分で分節した世界だけが私たちのほんとうの居場所なのです。

澤庵はそう言っているように思えます。疎遠な世界を親しみのある世界に書き換えるのは、自分ひとりの仕事である。そのような世界を立ち上げることができたのなら、それは「直ちに功を得」たと言ってよい。

そういう解釈も可能かも知れません（わかりませんけど）。

でも、いいんです。伝書は一人一人の修業段階に対応して、さまざまな解釈を許すように「謎」として構造化されていますから。ここにも「正解」はありません。伝書の謎めいた文章を読んで、僕たちは自分の修業レベルにふさわしい解釈を下す。当然ながら、修業の過程で、その解釈では説明できない事象が次第に増えてくる。しかたなく、別の解釈を考え出す。「仮説の提示、実験、反証事例の出現、仮説の書き換え」というかたちで進む。その点では、武道も自然科学も違いはありません。

「まえがき」が切りなく長くなりそうですので、そろそろ「巻き」に入ります。

以上、申し上げた通り、本書に収録されたすべての文章は「生きる知恵と力を高める」というただ一つの主題をめぐっております。

それが現代に生きる武道家がめざす唯一の目的である。多田先生から僕たち門弟は繰り返しそう教わりました。その「師の教え」という、汲《く》めども尽きぬ源泉から、僕は僕なりに自前のみすぼらしい器を以ていく杯分かの水を掬《きく》してみました。それを読者諸氏の前に供したいと思います。その貧しい器から飲んでも、もとの泉水の鮮烈な涼味が失われてはいないことを願うのみです。もちろん、本書に収録した文章の文責は僕ひとりのものです。弟子というのは師が教えていないことを勝手に学んだつもりになってしまうものですから、「そんなこと俺は言ってないよ」と多田先生も苦笑されることが多々あるとは思いますが、その点につきましては、どうぞご海容願いたいと思います。

最後に、採録された文章についてひとことだけ。

ここにはブログに書いたものと、さまざまな活字媒体に寄稿したものが収録されています。いずれも今回の収録に際して大幅に加筆修正したので、原型をとどめていないものもあります。それらをいくつかのグループにまとめてあります。武道のことを専一的に論じている文章、武道的な発想によって非武道的論件を扱った文章と、ぜんぜん違う話をしているうちにいつの間にか武道の話になってしまった文章などを吉崎さんがパッチワークしてくれました。こういうのは他人がエディットしたものの方が本人自選より読みやすいんです。

それから他の単行本にすでに採録されたものが「二度目のオットメ」をしているケースもあります。「なんだよ、これ前に他の本で読んだよ」というものがいくつかあると思いますけれど、「武道論の集成」という趣旨からすると外せないという判断を編集者が下しての採録です。決して「同じネタを使い回して頁数を稼ごう」というようなせこい考えではございませんので、どうぞ微志ご諒察ください。でも、同じ文章でも違う文脈に措かれて読むと、また別種の味わいがあるものですよ（とちょっと言い訳）。

「まえがき」は以上です。では、また「あとがき」でお会いしましょう。

第一章　武道とは何か？

武道の必修化は必要なのか？

学習指導要領の改定作業を進めている中央教育審議会の体育・保健部会は四日（二〇〇七年九月）、中学校の体育で選択制の武道を必修化する方針を決めた。二〇一一年度から実施の予定。礼儀や公正な態度など、日本の伝統文化に触れる機会を広げるのが狙いだそうである。男子の武道は九二年度まで必修だった。女子について必修化するのは戦後初めてのことだ。

伝統文化の尊重は、昨年（二〇〇六年）一二月に改正された教育基本法にも盛り込まれていた。同部会主査の浅見俊雄東大名誉教授は「必修化で一層、日本の伝統に親しんでもらいたい」と話している。武道とともにダンスも必修化される。

というニュースを読んだ。

不思議なことを考える人たちである。

武道とダンスを必修化……というと、客員教授の甲野善紀先生と音楽学部の島﨑徹教授と私とのコラボレーション企画、神戸女学院大学の「武術と舞踊で切り開く新しい教育の可能性」と同じ流れと思われそうだが、私はまったく違うと思う。どこが違うのか、その理路を述べたい。

日本の武道は近代において二度、決定的な「断絶」を経験した。一度目は明治維新、二度目は敗戦である。

明治維新によって戦国時代以来の伝統的な身体文化の大半は消滅した。一時絶えかけた剣道が息を吹き返すのは明治十年の西南戦争において両陣営の抜刀隊が示した高度な身体能力・殺傷技術によってである。以後、軍国日本において武道が重きをなしたのはもっぱら殺傷技術としての有効性が評価されたことと、江戸期の武士の「忠君」イデオロギーが天皇制イデオロギーと構造的に親和的だったせいである。

だが、この皇国史観によってイデオロギー的に強化された殺傷技術としての武道はまさにそのイデオロギー親和性の高さゆえに、敗戦後、ＧＨＱによって徹底的に破壊されることになった。一九四五年、文部省は学校体育での武道の禁止を発令した。とくに剣道は「超国家主義および軍国主義の鼓吹に利用され、軍事訓練の一部として重んぜられた」という理由から、学校体育としての実施を一切禁止された。翌一九四六年には大日本武徳会がＧＨＱの命令で解散させられ、ついには社会体育における「武道」という名称の使用さえも禁じられるに至ったのである。

もし、武道を再び公的なものとして認知して欲しければ、「過去の弊害を除去し、本格的なスポーツとして、競技規則、審判規則をつくり、民主的な運営を図る」こと、それが新しい支配者が突き付けた条件であった。武道関係者はその条件を呑んだ。そして、「本格的なスポーツ」として、つまり原義通りには「娯楽」の要素を重視することを代償に、一九五〇年に柔道が、五三年には剣道がふたたび「格技スポーツ」として（相撲とともに）体育教材に採用されることが認可され、文部省の指導下に組織的に整備されることになったのである。

武道の禁止はもちろんＧＨＱが命じたものである。けれども、学校体育における武道の禁止について、これを公的に発令したのは文部省であるという歴史的事実は忘れるべきではない。私たちは戦後、強制下であったとはいえ、一度は「伝統的」な身体文化の扼殺《やくさつ》に同意したのである。

占領軍が去った五〇年代になって、武道は学校体育の中に忍び込むようにして復活した。だが、それはあくまで「スポーツ」としてであった。何のイデオロギー性もなく、単に筋骨を壮健にし、勝敗や技術の巧拙を競うことを楽しむ競技であるという限定条件を受け入れることで武道は復活の許可を得た以上、信義の問題として、あくまで「これは伝統的な武術とは別のスポーツである」と言い続ける以外に選択肢はなかった。

爾来半世紀、日本の武道は「スポーツ」であり続けた。

それは他の外来の競技（フェンシングやボクシングやレスリングなど）と本質的な違いのないものと認定された。それゆえ、オリンピック種目にも登録された。いわば、種族に固有の伝統文化であるという名乗りを放棄する代償として、国際的認知を得たのである。

その後の、柔道や相撲における外国人選手の活躍や、武道のトップアスリートが引退後にラスベガスの格闘技のリングに上がっている様子などを見れば、これらの武道がとりたてて「伝統文化」の精華たらんとする意思を持たないことは明らかである。だとすると、中教審が「伝統文化」への回帰のための方途として今回その必修化を企図している「武道」とは何なのか、それが私にはよくわからないのである。

中教審が考えているのはどんな「武道」なのか。

「スポーツとしての武道」をあえて必修化することにどのような教育的な緊急性があるのか、私には理解できない。

繰り返し言うが、「スポーツとしての武道」は伝統文化的要素を文部省の指導によってほとんど除去することを交換条件に復活を許されたのである。一九六〇年代に剣道が学校教育に復活したときの最初の形態は「しない競技」という名前のものである。それはただプロテクターをつけた子どもたちが棒で互いを叩き合ってポイントを競うという、ただそれだけのスポーツであった。礼法もない、刀法もない、むろん神前もない。「しない競技」の奥義を究めようとする子どもが就くべき師もなく、読むべき伝書もない。これが「本格的スポーツとしての剣道」がどういうものであるかの最初の公的に認知された形態であった。

むろん、中教審が必修化しようとしているのは「しない競技」ではあるまい。「しない競技」を必修化することは「日本の伝統文化に触れる」ことを少しも意味しないからである。もし、必修化が伝統文化の継承を意味するのだとしたら、どこかで教育行政はGHQになした約束を公的に廃棄し、武道とはこれこれのものであるという再定義を国民に公表していなければならない。「武道はスポーツではない。『過去の弊害』というのはごく一時的な逸脱に過ぎず、武道の本質にはかかわらない、武道はわが国の誇るべき、世界に類を見ない伝統文化なのだが、私たちは戦後、敗戦国ゆえに、伝統文化の放棄を不本意にも強制されたのだ」とはっきりと宣言していなければならない。アメリカ政府からの厳しい批判をあえて受け止めても、そのような国民的な宣言を過去のどこかの時点で政府が公的になしているなら、私は「武道必修化」という提言は、賛否は措《お》いて、筋が通っていると思う。

しかし、私の知る限り、日本の政府はそのような宣言を行っていない。

そうである限り、今学校教育で行われている武道は公的には「伝統文化とはかかわりがない」もののままである。

その論理的な「ねじれ」を放置したまま、筋が通らないまま、学校における武道教育があたかも伝統文化とのふれあいの機会であるかのように行政が語るのはよくないと私は思う。むろん、私も青二才ではないから、官僚や委員たちが、「そう硬いことを言うな。世の中、いろいろあるんだよ」と言う気持ちもわからないではない。たぶん私には計り知れぬほどに込み入った事情があるのだろう。だが、「世の中、いろいろあるんだよ」でことを済まそうとするような人たちには、できれば武道については語って欲しくない。

中教審はあるいは、それ以前の、すなわち大日本武徳会的な「戦前の武道」のことを意図しているのかも知れない。それならいくぶん話の筋目は通ってくる。ＧＨＱのかかわった話に触れるとあれこれと差し障りがあるから、とりあえず「脇に置いて」、戦前の、まだ外圧によって定義が歪められる前の、「ふつうの武道」のことを言いたいのだとしたら、それならそれで（アメリカに対する「信義の問題」は残るが）、理屈としてはわからないでもない。

たしかに徴兵制のあった戦前においては、戦技としての武道はいずれ兵士たる男子の必修科目であった。それをもう一度必修科目に採択したいというのは、「富国強兵」を改めて国是としたいという人々にとっては悪くない選択である。

しかし、これも私見によれば「伝統文化」という形容にはなじまない。

というのは戦前の学校体育における武道では、中世以来洗練されてきた伝統的な身体文化のうちもっとも枢要な部分が排除されていたからである。

それは、人間の蔵する生きる知恵と力を開花させ、潜在意識レベルでのコミュニケーション能力を開発する技法、呼吸法、瞑想法、などの心身錬磨の技法である。

なぜ、「人間の生きる知恵と力を開発する技術の体系」が戦前の武道教育においては顧みられなかったのか。

別にむずかしい理由によるわけではない。

戦前の武道教育は強兵の錬成のためのものだったからだ。だが、武道の本来の目的は「君子の育成」(控えめに言っても「将帥の育成」)である。兵士に戦技は必要だが、武道は不要のものである。

あまり言う人がいないので、私が代わって申し上げるが、兵士は「消耗品」である。上官に命じられた通りに死ぬのが兵士に期待されている最優先の機能である。彼らが君子として適切に自己形成し、治国平天下の方途について熟慮し、万有共生の至理を悟ることなどは上官も参謀本部も大本営も、誰も望んでいない。そのような能力は統治する側の人間が学ぶべきことであり、統治される側の人間には不要のものである。君子は兵隊としては使い物にならない。

だから、戦前の武徳会系武道では、伝統的な武道体系のうち、修業者の「霊的成熟」にかかわる技法だけが組織的に排除されたのである。

中教審の体育・保健部会におられる「武道専門家」の方々は、この点についてはどうお考えなのであろう。私はそれをぜひお訊きしたい。

もし、彼らが幕末以前の、厳密な意味での日本の伝統的な身体文化への敬意ゆえに必修化を論じているなら、私はこの答申に大賛成である。すべての日本人がその生きる知恵と力を開花させ、国民をしてもれなく君子たらしめたいという（孔子にも比すべき）崇高な教育目標を中教審が掲げているのだとしたら、私はその壮図を嘉《よみ》したいと思う。世界に向けて誇りたいと思う。

けれども、この中教審の方々が伝統的な「自己陶冶の方法としての武道」と維新以後の「戦技としての武道」の間に存在する断絶についてどれほど自覚的なのか、それが私にはわからないのである。

さきほど書いたように、明治維新のときに伝統的な武道文化はほぼ消滅した。それについて山田次朗吉は『日本剣道史』にこう書いている。

> 昔は弓馬鎗剣は軍事の唯一の道具であつたが、洋式輸入の後は銃戦と変じて鎗剣は第二と下落した。随《したがつ》て之《これ》を学ぶ者も自づから重きを致さぬ所以《ゆえん》である。況《ま》して一旦《いったん(ママ)》槍剣を教授することが階級を武士に限つてから、町家に之を学ぶ者なきため、維新の革正となつては、師範の者の生計が一時困難に墜《おち》るは已《やむ》を得ざる次第であつた。

明治初年に伝統的な流派のほとんどは消滅し、そのあと復活したのは強兵をつくるために特化された戦技としての武道である。もし、中教審が再興しようとしているのが、この「戦技としての武道」であるのなら、私はそれに賛成することはできない。

このようなものをいくら復興しても、現代日本人が得るものは何もないからである。昭和一八年、大陸戦線での合気道門人のあまりの「殺傷技術の高さ」に衝撃を受けた陸軍幹部が合気道開祖植芝盛平先生のもとを訪れたことがあった。剣道、柔道を廃し、今後軍事教練では合気道を必修にする計画への協力を申し出たのである。開祖はそれを聴いて激怒し、「それは日本人全員を鬼にするということである」と一喝して、そのまま東京を去って、すべての武道団体との関係を絶ち、岩間に隠遁してしまわれた。

この開祖の怒りに共感できた人が当時の日本の武道関係者のうちにどれほどいただろうか。私はきわめて少なかっただろうと思う。昭和における武道家の頂点にいた植芝盛平先生が戦技のために武道を教えることは「人を鬼にする」ことだと断じた言葉の重みを今日の武道関係者は十分に掬《きく》しているであろうか。

武道は君子が学ぶべき治国平天下の道ともなるし、方法を過てば強兵の駆使する殺傷技術ともなる。外形的には酷似していても、修業者のマインドセットの間には千里の逕庭《けいてい》が存在する。そのことに中教審がどれほど意識的であるのか。「復興すべき伝統文化」というときに、いったい何を指示しようとしているのか、私にはそれがわからないのである。

学校体育における武道はどうあるべきかについて明治維新以降もっとも真剣に考えた一人に講道館柔道の開祖である嘉納治五郎先生がいる。嘉納先生は大正末年から昭和のはじめにかけて学校体育における柔道の競技化とスポーツ化につよい不安を持たれた。このままでは柔道のうちに生き生きと伝えられている伝統文化の良質な要素が損なわれてしまうことを恐れた。先生は学校柔道における「乱取の流行」についてこう書かれている。

物には一利あれば一害がこれに伴うもので、形が廃ったため、柔道のある一方面はほとんど忘れられたようになってきた。（『柔道講義』）

ここで言う「柔道のある一方面」とは実は殺傷技術としての側面のことである。

元来柔道に勝負という一面がある以上は、切ることも突くことも蹴ることも、すべて対手を殺すとか制御するとかの方法の研究も怠ってはならぬ。しかすに乱取ではすべて危険なことは禁じてあるから、そういう方面の練習は、形を待ってはじめて出来るのである。

本来柔道は乱取だけでは全きものでない。真剣勝負では当身や突いたり切ったりすることを必要とする。それだから形の練習を怠り乱取のみをしていると、そういう方面に欠陥が生じて来る。しかし形は乱取より面白味が少ないから怠り易い。そこで多くの者は乱取に傾いてしまう。

柔道がスポーツ化すると戦技としての柔術の厳しさが緩和されてしまう。それを恐れた嘉納先生は「柔の形」「投の形」「固の形」「極の形」の四段階を考案し、これに古式の形を加えて講道館柔道形を完成させようと考えた。それが「精力善用国民体育」である。先生はこの国民体育に柔道の未来を託し、多数の図版を含む『国民体育』を昭和五年に上梓した。しかし、晩年の嘉納先生が文字通り心血を注いで考案したこの形の体系はついに普及することがなかった。

嘉納先生がスポーツ化しつつある柔道に対して、あえて「対手を殺すとか制御するとかの方法」の研究の喫緊《きつきん》であることを説かれたのは、むろん対外戦争が続いていた明治日本においては「戦技としての武道」の必要性が高かったからである。しかし、それと同時に、殺傷技術としての武道を修練することを通じてしか、「あらゆる手立てを尽くして生き延びるためには何が必要なのか」というもっとも根源的な、武道の本質にかかわる問いにまで垂鉛をおろすことができないことを嘉納先生が熟知されていたからだと私には思われるのである。教育の場において涵養《かんよう》すべきは、筋骨や反射神経や「根性」や「闘志」といったマインドセットとは別の次元のものであることを、日本の近代教育の礎を築いた人のひとりとして嘉納先生は熟知されていたからだと思われるのである。

嘉納治五郎先生の柔道批判とその改革案について、日本の武道史は多くの紙数を割かない。そもそもオリンピックや世界選手権でメダルを取った柔道家の中で、座右の書として『嘉納治五郎著作集』を挙げた人を私はひとりも知らない。

誤解して欲しくないが、別に私は現在の柔道のありかたに異議を唱えているわけではない。そうではなくて、明治以来の日本武道は、そのつどの歴史的条件の風圧を受けて、生き残るために変身を遂げてきたという歴史的事実を指摘しているだけである。そして、そのつどの「変身」を要求する支配的趨勢に抗って、植芝先生や嘉納先生のような武道家が真率な批判を向けていたという事実を思い出して欲しいと思っているだけである。

「武道は日本が誇る伝統文化である」というようなことを政治家や教育者たちは深い考えもなしに口にする。私は一武道家として、そのことを喜ばない。そのような定型句を繰り返す前に、その誇るべき「伝統文化」を明治以降私たち日本人自身がどのように破壊してきたのか、その破壊の歴程を確認するという痛苦な作業からまず始めるべきなのではないのか。

（二〇〇七年九月）

宴会心得

ようやく冬休みとなる。土曜日は多田塾甲南合気会と神戸女学院大学合気道部の納会。青少年センターの柔道場が取れなかったので、岡田山ロッジで稽古する。三十六畳しかないところに四十人近くがひしめいている。

八十畳近い青少年センターの柔道場もそろそろ手狭になってきた。毎月のように新入門者があり、会員は増え続けるばかりである。武道の道場はどこも入門者と同じくらいの数の人が辞めてゆくので、トータルの人数はあまり変わらないのがふつうであるが、合気道は単純増加を続けている。これはやはり合気道の術理の汎用性の高さがかかわっているのであろう。

昨日の宴会では、善ちゃんが合気道の術理と企業組織論について熱弁をふるっていたが、それも当然で、武道は最終的にはどれも「主体と他者」をめぐる根源的な哲学問題に帰着するからである。

つねづね申し上げているように、「主体」概念の根本的改鋳《かいちゅう》抜きには武道におけるブレークスルーは成り立たない。モナド（単子）的な主体が同じく単子的な「敵」と優勝劣敗＝ゼロサム的に対峙しているという構図に固着する限り、術技は向上しない。

先般、『ＳＡＰＩＯ』という雑誌に武道論を寄稿したけれど、その中に私は戦後ＧＨＱが武道を禁止したあと、五〇年代の競技武道が「民主化」と「スポーツ化」を代償に復活した事情について、次のように書いた。

競技化が武道の本義を傷つけるだろうということを一九五〇年代の武道家たちの幾人かはすでに予見していたはずである。けれども、その札を切る以外に武道は延命すらおぼつかなかったのである。だから、私はこのときの選択を非とする資格が私たち後代の人間にあるとは思わない。それはその時点においては必至の選択であった。けれども、競技化が武道の本義を傷つけかねない逸脱であるという「病識」はその後も維持されるべきだったと思う。

現に、競技化による武道の変質に対する危機感はつとに大正年間、嘉納治五郎によってはっきり表明されていたが、実際には、嘉納が考案した稽古体系である「精力善用国民体育」はほとんど普及することがなかった。それが「乱取り」主体と競技化による柔道の変質を批判し、古伝の形稽古の復権を求めたものであったために学校体育・社会体育の柔道指導者たちから忌避されたのである。

競技化による武道の衰退は競技化によってもたらされたのではなく、「競技化は武道の衰退をもたらす」という危機感を忘れたことによってもたらされた。私はそう考えている。

スポーツにおいては、生死のあわいでどうふるまうべきであるかとか、主体と対象の二元論をどう超克するべきであるかといったことは主題的には意識されない。

もちろん、どのような競技でも、トップレベルのアスリートは自分のパフォーマンスを最大化するためには「主体」という概念そのものを書き換えなければならないということには遅かれ早かれ気づくだろう。けれどもトップ・アスリート以外はそのような問いを切実なものとしては受け止めないし、指導者たちもそのような問いを選手に向けはしない。現に、ほとんどの競技者は「対戦相手に勝つ」という以上の目的が競技にあるとは考えていない。

もちろん、スポーツならそれでよい。しかし、武道は本来そういうものではない。

（…）厳密な定義を適用した場合、武道はすでに久しい以前から衰微し続けていると私は考えている。競技化や国際化はその兆候であって、原因ではない。

武道をもう一度蘇生させるために私たちに何かできることはあるだろうか。私はできることは「ある」と信じている。けれども、それは武道を再び国粋化することによっても、（中教審答申が言うように）武道を学校教育で必修化することによっても達成させられはしない。

武道的力量はつきつめれば「人としてよく生きた」というかたちで事後的にしか検証しえぬものであり、数値化することも比較考量して優劣を競うこともできないものなのである。

というようなことを書いた。

ほんらい、先人たちが発明工夫したすべての身体技法は「他者との共生」を「生き延びるための必至の技術」として骨肉化することなしには術技が向上しないように構造化されている。ただ、ゲーム性が強いスポーツの場合は、その事実が前景化しにくいというだけのことである。

身体技法は、人間の身体能力のうち計量可能なものだけを選択的に発達させようと考えるときに衰微する。学校体育は「成績評価」をしなければならないという「縛り」があり、プロスポーツは勝敗強弱を明らかにし、タイムを計り、技術を点数化し、ランキングを決定することなしには成立しない。いずれも「計量可能な身体能力」だけの選択的開発を私たちに要求する。

だが、すべての身体技法が最終的に要求しているのは「他者との共生能力」であり、それこそは人間の能力のうちもっとも計測しにくいものの一つなのである。なぜなら、それは属人的な能力ではないからである。

その能力は現に所与の、偶然的な場において、「共生を果たした」という当の事実を通じて事後的に判定されることしかできないのである。

宴会というのも厳しい言い方をすれば、いわばある種の「共同的身体運用」である。そこで自分のいるべき場所を探り当て、自分のなすべき仕事を見つけ出し、「宴会する共身体」の一部になり切ることが実は求められているのである。

知らなかったでしょ。

なんと、私は宴会しながらも、門人諸君の身体能力の開発を心がけているのである。「自分の割り前」の仕事をそこで果たすことと「自分の取り分」の愉悦を確保することは似ているようだが質の違うふるまいである。

門人諸君もそのあたりの呼吸をよく呑み込んで「宴会道」の極意めざして、さらなる精進に励んでいただきたいと思う。

（二〇〇七年一二月）

a hollow man——うつろな人

桂の西本願寺の研修道場にて「現代霊性論」と題する講演をする。聴衆は研修会に参加されている全国各地の若手の僧侶のみなさん。教学や組織論の講義のあいまに、私がひとりだけ「非僧」の民間人として講師にまぎれこんでいる。

今回のテーマは当日朝、発作的に思いついた「記号と霊性」。

私たちの社会でいま急速に進行しているのは、「記号化の過剰」とでもいうべき事態ではないか。そんな気がしたのでその話をする。

あらゆる人間的営為をことごとく数値化・定量化し、それを「格付け」するという操作に日本人がこれほど熱中したことがかつてあっただろうか。

私の記憶では、ない。

文部科学省が大学に提出を要求するペーパーの要求のうちいくつかはもうほとんど「ものぐるひ」のレベルに達している。そこには、「教育目的」と「教育方法」を記述し、そのプログラムがどのような「教育効果」をもたらしたかを数値を明らかにしたevidence basedで述べよ、というようなことが平然と書かれている。

「授業を聴いているうちに、すとんと気持ちが片付きました」とか「眼からウロコが落ちました」とか「矢も楯もたまらず身体を動かしたくなりました」とか「なんだか猫にも話しかけたい気分になりました」とか、そういうのはどうやって教育効果として数値的にお示ししたらよろしいのであろうか。

いや、ほんとに。

教育のアウトカムのもっとも本質的な部分は数値的・外形的に表示することができない。

しかし、どうも官僚のみなさんにとって、数値的・外形的に表示できない教育的効果、あるいは「それが何を意味するのかを実定的な語法で語り得ない」教育効果は存在しないのと同義のようなのである。

それと同じ事態は社会生活の全般に及んでいる。子どもたちはさまざまな「おけいこごと」をさせられているが、親たちがそこに要求するのはつねに「努力と成果の相関が可視化されていること」である。

水泳教室のインストラクターをしているゼミの学生の話では、子どもたちのクラスでは異常なほどの「レベルの細分化」が進んでいるそうである。顔を水につけられたらレベルいくつ、足を床から離せたらレベルいくつ、というふうに水泳技術が「日進月歩」するさまをことごとく「数値で表示すること」を親たちは要求する。

それは、要するにデジタルな数字が変わることでしか、子どもの身体能力の変化が親には「わからない」という親の無能を示しているにすぎないのだが、親に子どもの成長を観察する力が欠如しているという事実を誰も咎めない。

これはきわめて危険な徴候だと私には思われる。

身体能力にもたらされる変化は本質的には計量不能だからである。

考えればわかる。変化を計量するためには、座標軸のゼロに相当する「変化しない点」を想定する必要がある。相対的な変化量を確定するためには、測定枠組みそのものは変化してはならない。だから、「スコア」や「タイム」が数値的に表示されるスポーツでは、身体の使い方を根本的に変えるということにつよい抵抗が働くのである。身体運用OSそのものの「書き換え」に際しては、「何を測定してよいのかわからなくなる」ということが必ず起きるからである。だが、それまで自分が「能力」の指標だと理解していた度量衡が無効になるというのが、「ブレークスルー」ということなのである。

変化量を記号的・数値的に表示せよというルールは「ブレークスルー」というものがありうることを想定していない。価値評価の度量衡そのものが新たに生成する「パラダイムシフト」を想定していない。

「ものさし」は長さを計測するためのものである。だが、それでは重量も光量も音量も触感も時間も量ることはできない。そういうことである。世界の厚み深みについて理解を深めようと思ったら、手持ちの一つの「ものさし」だけですべてのものを計測しようとする習慣を捨てなければならない。

そんな当たり前の理屈が通らない。どこでも、自分の手持ちの、薄汚れた、ちびた「ものさし」で、この世のすべてのものを計量できると信じている人々に私は出会う。「うつろなひと」a hollow man たち。

「うつろなひと」の中は記号で充満している（名越先生の「ホムンクルス」のような話

だ)。

「うつろなひと」は、人間的営為のすべては計量可能であると信じる計量主義者であり、リソースは厳密に個人的能力に即して分配されるべきだと考える能力主義者であり、自分に本来帰属すべきリソースは「無能な他者によって不当に簒奪《さんだつ》されている」と考える奪還論者である。

そのような人々で日本は埋め尽くされつつある。

というような哀しい話をする。

（二〇〇八年六月）

大相撲に明日はあるのか？

『中央公論』の井之上くんが来て、「大相撲」について取材を受ける。

大相撲ですか……

もう長いことテレビで相撲を見ていない。新聞でも相撲の記事はまず読むことがない。力士の名前もほとんど知らない。

聞くと、相撲は不祥事続きで、客も不入りだし、視聴率も低下するばかりで、もうどうにもならない状態なのだそうである。

そうでしょうねと思う。

理由はいろいろあると思うけれど、要するに「相撲とは何か？」という根源的な問いを誰も真剣に引き受けたことがなかったことがおおきな理由だろうと思う。

相撲は神事なのか？　武道なのか？　格闘技なのか？　スポーツなのか？　スペクタクルなのか？　伝統芸能なのか？

とりあえず、神事を含んではいるが、それ自体は神事ではない。そのようなものに「公正中立」のNHKが電波を貸すはずがない。

武道でもない。武道というのは心身の生きる力を高め、潜在可能性を開花させるための技法の体系であるが、相撲をやっていたせいで長寿を得たとか、相撲をやっていたせいでビジネスに成功したとか、相撲をしていたおかげで博士号が取れたとかいう話はあまり聞かない。

では、格闘技なのか？　これも違いそうである。半世紀前なら、力士は「地上最強」だという言葉を子どもたちは信じたかも知れないが、K－1で元横綱が「秒殺」されるのを見てしまった今では、相撲の格闘技としての有効性を信じるものはあまりいない。

では、スポーツなのか？　それも違うだろう。スポーツの場合は「フェアネス」ということが生命線だが、相撲の場合は個人で星を取り、賜杯を受けるにもかかわらず、同部屋での取り組みはない。かつては一門同士の取り組みもなかった。勝敗の判定をする行司という人が部屋に分属しているという制度も意味がよくわからない。「今日の球審はタイガース所属のヤマダさんですから、ジャイアンツ的にはストライクゾーンがきついですね」というようなことはないのだろうか。

その時点での「最強力士」を決めるトーナメント制はたしかに存在する。けれども、「最強決定」が最優先の関心事なら、大相撲トーナメント（フジテレビ主催）や大相撲最強決定戦（日本テレビ主催）の視聴率の方が本場所よりも高いはずであるし、その勝敗をみて、「誰がほんとうは強いのかがわかった」と満足している人がいてもよいはずだが、あまりそんな話は聞いたことがない。

スペクタクルあるいは伝統芸能なのか？　歴史的には「けたはずれの巨漢」を見るという「ショー」的要素が相撲人気を牽引してきたことはたしかだろう。現在でも「花相撲」というものがあり、初っ切り《しょっき》（相撲の禁じ手をコミカルに演じるもの）や相撲甚句《じんく》が演じられる。それが力士の「本務」の一つにカウントされている以上、相撲はある種の伝統芸能であるとも言える。

けれども、もし伝統芸能であるとすれば、そこに参加している外国人力士たちにはそのような日本の伝統文化に対する敬意が見られてしかるべきだろう。私の知っている範囲でも、能楽を学ぶ外国人や合気道を学ぶ外国人たちは日本の伝統文化に深い興味と敬意を抱いている。その敬意は、彼らが自国に戻った後に、故郷の街で自分が習得してきた技芸を同国人たちに教えることに情熱を傾けている事実からも推し知ることができるのである。けれども、これまで相撲で高位にあがった外国人たちの中にそのようなかたちで日本の伝統文化への敬意を示した人がいただろうか？　外国出身の力士たちが相撲をほんとうに愛していたのであれば、「ハワイ相撲協会」や「モンゴル相撲協会」が存在していて、その地での相撲普及の核になっていてよいはずである。寡聞《かぶん》にして私はそのようなもののあることを知らない。力士のリクルートは国際化しているけれど、彼らが日本の伝統芸能を学び、それを故国に普及するために来ていると理解している人はほとんどいないであろう。となると、伝統芸能であるとも言いがたい。

こうやって見ると、相撲というのは「いろいろな要素が渾然一体《こんぜんいったい》となったもの」という以外にない。そして、どうやら相撲の魅力とはこの「いろいろな要素が渾然一体となった、なんだかよくわからないもの」という特殊な様態のうちにあるような気が私はするのである。

こういう「なんだかよくわからないもの」はあらかじめ制度設計がなされてできあがったものではない。起源がよくわからないものである。そして、たいていの場合、起源や目的がはっきりしている制度よりも、起源や目的がはっきりしない制度の方が、本質的なのである。大相撲が不調であるのは、この「なんだかよくわからない」性を守り抜くための理論武装ができていないことが最大の理由ではないか。

そういう話をする。

相撲協会の収支や番付編成や取り組みの決定過程などをすべて開示して、「透明性」を担保すれば相撲人気は復活するのか？　力士たちが労働組合をつくって、相撲協会と「統一契約書」を交わして、労働条件について弁護士を立てて団体交渉するようになると、相撲人気は復活するのか？　部屋制度を廃止して、「最強力士」をめざす「ガチンコ・トーナメント」にすれば、相撲人気は復活するのか？

なんだか、どれもダメそうな気がする。

相撲というのは「きちんと話の筋目を通して何かしようとするとうまくゆかなくなる」システムではないかという気がする。じゃあ、いったいどうすればいいんだと訊かれても、私には答えようがないです（別に誰も私に答えなんか期待していないでしょうし)。

でも、こういう「なんだかよくわからないもの」は合理的な存在理由を挙証できないからと言って、「じゃあ、なくなってもいいんだね」ということになると、いろいろ差し障りが出てくるものなのである。

私としてはもう少し長い目で、暖かく見守ってあげたらいいんじゃないかと思って、『中央公論』の特集のタイトルを「がんばれ! 大相撲」とすることをご提案したのであるが、井之上くんは「はあ……でも、どこをどうがんばればいいのか」と暗い顔をしていた。

(二〇〇八年九月)

je pense, donc ça se pense.——我思うゆえに「思う」あり

二四、二五日と白浜で杖道会の初合宿。

杖道会はできてからもう十年くらいになる。身体技法の研究というつもりで杖や居合を稽古していて、段位とか試合とかいうこととは無縁のクラブなので、合気道部の有段者が興味をもって入ってくるくらいで、他にはあまり会員がいなかった。四年前

に若さまとエクソシストあまのが入部してきて、杖道会プロパーの核が出来て、去年新一年生に五人部員が入って賑やかになった。

週一の稽古では物足りない、もっと集中的に稽古したいという要望が出てきたので、合宿をすることにしたのである。

白浜にしたのは、合気道の合宿が神鍋高原《かんなべ》なので、「じゃあ、海のそば」というたいへん単純な理由。

二月の合宿だから「暖かいところ」がいい。温泉もあるし。

それに和歌山は合気道部主将で杖道会員、二重国籍のサキちゃんの地元であるので、「合宿先探しておいてね」と頼んだら、「はいよ」と気楽に引き受けてくれた（いいやつだ）。

「よいこのしおり」も作ってくれた。

初合宿の参加者は、四回生主将の若さま（あまのはオックスフォード大学に留学中）、三回生サキちゃん、一回生マサキ、クロダ、モリ、ホリカワ、エグチの五人。それに院生のトガワさん、OGのヨハンナ、大学の杖道クラスの非常勤講師をしているウッキー。

ちょうど手頃な人数である。

白浜会館という広い建物を借りて、初日は一三時半から一七時、二日目は九時から一一時四五分まで、稽古をする。

ふだんより時間があるので、呼吸法をする。

呼吸法をしてから形を遣《つか》うと動きに「甘み」が出てくる。

神道夢想流杖道はもともとは黒田藩に伝えられた武技であるが、全剣連では競技として行われている。

私は武術の競技化に懐疑的（というより端的に反対している）人間なので、術技の巧拙を競うのではなく、ひとりひとりの身体感覚を高めることの教育的な有効性に目的を限定して教えている。

どう考えても、この女子学生たちが剣で人を斬ったり、杖で人の頭をかち割ったりするような状況に遭遇する蓋然性は低いからである。

むかしの武士が武術を学んだのは、そういう機会に現にしばしば遭遇したからである。そのような機会において「生き延びる」ことが切実な人間的課題だったから必死で修業したのである。

しかし、いまは他人に剣で斬りかかられるという状況に備えて身体訓練をすることの現実的必要性はきわめて低い。危ない人からいきなり斬りかかられる可能性はなくはないが、そのとき、腰間に一剣を佩刀《はいとう》しているとか、愛用の杖が手元にあって……という可能性はさらに低い。リアルに護身術を学ぶのであれば、「鞄の角でこめかみをヒットする術」とか「ハイヒール両手持ちによる双峯貫耳《そうほうかんじ》」などを練習する方が実用的である。

現実的必要性のない身体技法を修業するためには、それとは別の動機付けが必要になる。

術技の巧拙を競い、数値化して、勝ち負けを楽しむ「スポーツ化」は、そのようにして発明された苦肉の動機付けである。

だが、武道はスポーツではない。武道がスポーツの「仮面」をかぶったのは歴史的理由があってのことである。

GHQの禁制で息絶えようとしていた武道的な身体技法を後世に生き残らせるために一九五〇年代の武道家たちが「スポーツ化」という迂路を選択したことは、戦術的判断として適切なものだったと私も思う。私がその時代に生きていたら、私もおそらくその判断に同意しただろう。

けれども、これはあくまで緊急避難的な迂回であった。GHQの占領体制が終わった段階で、「武道はスポーツだと言ったのは、当座の方便で、武道はもちろんスポーツではない」という「変節の名乗り」をなすべきだったと私は思う。日本の武道史上最大の失敗は、生き残るために政治的工作をしたことではなく、政治的工作をしたことを隠蔽したことである。私はそう思う。

幕末以来、明治維新、軍国主義イデオロギーへの加担、敗戦とGHQによる弾圧……という一連の激しい歴史的風雪の中で、武道は厳しい淘汰圧にさらされ、それに耐えて、そのつど姿を変え、状況に適応することで生き延びてきた。そのときどきの選択は、一つの技芸が生き残るための戦略的迂回としてはやむを得ないものだったと私は思う。明治維新のときに撃剣興行で剣技の延命を図った榊原鍵吉《さかきばらけんきち》や、戦技としての有効性を強く打ち出した三島通庸《みちつね》のふるまいは生き残りのための「適応」である。だが、それは「適応」ではあったが、武道の「進化」とか「深化」と呼ぶべきものではない。私はそれを非難しているわけではない。そうなるしかなかったから、そうなったのである。恥じる必要も隠蔽する必要もない。価値中立的にその歴史的事実を認める方がいいと言っているだけである。明治維新のときに古流の技法の多くは絶えたが、それを生き延びさせることはそのときには誰にもできなかった。敗戦のときに武道はその戦技的特性を奪われたが、占領軍に向かって抗議することは誰にもできなかった。その責任はそれぞれの時代の武道家たちにはない。彼らに歴史の流れを押しとどめる力がなかったことを責める権利は誰にもない。けれども、それが武道の本筋からの逸脱であったという事実は冷静に認めるべきだろう。

武道は生き延びるための適応を強いられた。その適応に日本国民の過半は無言の支持を与えた。その当否を今さら論じ立てようと私は思わない。私たちがまずなすべきことは、武道が歴史的環境の中でどのような適応を強いられたのか、その過程を冷静に、学術的にトレースすることである。それがどうしても必要だと私は思う。その作業を怠れば、武道は「還るべき原点」を見失ってしまうからである。

私は現代における武道の有効性を信じている。女子学生たちに杖の打ち方、剣の抜き方を教えるのは、杖や剣を実際に道具として活用して欲しいからではない。ましてや、「礼儀正しくなる」とか「日本の伝統文化に対する敬意が涵養される」とか「愛国心が身につく」とかいうような功利的理由からではない。

とりあえず学生たちには形を遣い、剣の抜き方納め方を稽古してもらう。

当面の課題は「刃筋が通る」というのはどういうことかを実感することである。

それは要するに「剣には剣固有の動線があり、人間は賢《さか》しらをもってそれを妨げてはならない」ということに気づくということである。自分を主体として立てて、剣や杖を対象的に操作しようとしてはならないということに気づくということである。

剣や杖には、それぞれ「お立場」というものがある。だから、それを尊重する。私自身の筋肉や関節や腱や靭帯にだって、やはり「お立場」というものがある。だから、それを尊重する（しないとあとで痛い思いをする）。

そんなふうだから、武道の稽古をしていると、あちこち気を遣う相手ばかりで気疲れしてしようがない。

だが、そうやって剣やら杖やら体術の相手やら自分の身体各部やら、すべてのもののはたらきを妨げないように気を遣っていると、「そもそも、この『気を遣っている』主体というのはどこにいるのか？」という深甚な疑問に逢着することになる。

主体って何？

武道はこのデカルト的省察をデカルトとは逆方向に進む。

「我思う」ゆえに「『我』在り」ではなく、「我思う」ゆえに「『思う』あり」の方に分岐するのである。

術技的には、主体なんてなくてもぜんぜん困らないし、むしろそのようなものはない方がましだからである。

この逆説的状況に学生諸君を投じるために、お稽古しているのである。

（二〇〇九年二月）

丸亀 revisited

守伸二郎さんにお招きいただいて、多度津で合気道の講習会を行う。考えてみると、私を合気道の講師に呼んでくださるのは広い世界で守さんだけである。講演やシンポジウムの依頼はいくらも来るのに。来年からはぜひ各地の合気道の講習会にお呼びいただきたいものである。

などと言っておきながら、依頼が来たら「やっぱ、家でごろごろしてたい」とか言って断るのかも知れないので、あまり信用しないように。

坂出ＩＣで守さんに拾っていただいて、まずは多度津でお昼。本格的なフレンチだったのでびっくり。ワインが飲みたくて目の前がくらくらする。ここの包み揚げは絶品です。

「看板を出していないレストラン」なのである。一日にランチが八名、ディナーが八名まで。もちろん完全予約制。二ヶ月前から予約を入れないと席が取れないそうである。

お腹がいっぱいになってホテルで昼寝していると、もう講習会なんかどうでもよくなるが、そうもゆかない。

四十名ほどの申し込みがあり、合気道をやっている方が三割程度。あとは初心者である。

大阪の朝カルからモリモトさんコニシさんも来ている。べつに丸亀まで来なくても、芦屋でもやってるんですけど……。

肩胛骨《けんこうこつ》と股関節を伸ばしてから、呼吸法、体捌《さば》き、それから転換。さまざまなアプローチから四方投げ。

二時間半の稽古だったけれど、終わりの頃には、全員が四方投げ裏表がちゃんとできるようになっていた。みなさん、優秀な生徒さんである。

それから明水亭に移動して、懇親会。参加者の半数以上がそのまま参加。合気道に興味を持つ人には医療と教育の関係者が多い。懇親会も半数が医療・教育に携わる方々であった。

メディア論を書いているときに、いちばん問題が多いのが医療と教育に関する報道であると書いた。おそらくそれはこの二つの領域が本来「なまもの」を相手にしているからだと私は思う。

「なまもの」は定型になじまない。

とりあえず「善悪・正邪」というような二元論的な切り分けになじまない。それどころか、それは「主体と他者」というスキームを採ってはならない領域なのである。しかし、メディアの定型は「被害者と加害者」「政治的に正しい者と政治的に正しくないもの」の二元論である。

それはメディアの宿命であり、その是非を言い立ててもしかたがない。けれども、二元論的な思考しかできない知性（そういうものを「知性」と呼べるかどうか確信はもてないが）では「なまもの」は手に負えないということは覚えておいた方がいいと思う。

医療や教育の現場の方たちは身体を機能主義的に取り扱う。武道もそうである。「身体を機能主義的に取り扱う」ということに徹底している点が武道とスポーツの際立った違いである。

スポーツでは「勝ち負け」や「数値」や「記録」といったデジタルなデータが一次的に重要である。「なまもの」としてのアナログな身体にはあまり用がない。

だから「スポーツをやって身体を壊す」ということが起きる。「健康法を実践したら病気になった」とか「長寿法をやったら早死にした」ということは笑い話ではなくて身近に無数の実例があるが、それは身体「そのもの」ではなく、身体の「出入力」を優先的に配慮することの必然である。

武道が身体の出力（強弱勝敗）を重んじないのは、それはあくまで「身体そのもの」のパフォーマンスの変化の指標にすぎないからである。

例えば、体温というものがある。私たちはもちろん体温計が示す度数を気にする。それが身体内部で起きている計測しにくい現象の断片的な指標だからである。でも、その指標自体には意味がない。だから、現に「世界体温選手権」というようなものはない。

空腹も眠気も「だるさ」もすべて身体そのものの機能についての重要な指標だが、「世界空腹選手権」も「世界眠気選手権」も「世界だるさ選手権」も存在しない。「大食い選手権」はあるが「眠気選手権」はない。

第一の理由は「大食い」は数値化できるが、「眠気」は数値化できないという理由であり、第二の理由は「大食い」は身体がそれを求めていなくても脳が消化器に強制できるが、「眠気」は制御できないということである。

私たちが興味をもつのは身体が求めていること、それだけである。

当然ながら、それは「いのちがけ」だからである。

「大食い」の皿数は原理的に人間の生き死にに関係ないが（食い過ぎて胃が破れて死んだというような場合は別だが）、「空腹」は生き死ににかかわる。

私の身体はどのような姿勢をとることを求めているのか。何に触れたいのか、何に触れられたいのか、どのような響きを感じたいのか、どのような声で語りかけられたいのか、何を食べたいのか、何を飲みたいのか。総じて、どのように生きたいのか。どのように死にたいのか。生きることにかかわるさまざまな「訴え」を高い精度で感知するための技法が武道である。

私たちが焦点を合わせているのは、インターフェイスで出来《しゅったい》している「震え」のようなものであり、そこを透過して入力するもの、出力するものには二次的な意味しかない。けれども、この「震えのようなもの」はメディアの語法がもっとも扱うことの不得手なものである。

もちろんメディアにも医療や教育について言いたいことを言う権利はある。けれども二元論的な語法で語る限り、それらの領域における「なまの情報」には原理的にアクセスできないということは覚えておいた方がいい。

（二〇一〇年四月）

第二章　武道家的心得

ブリコルールの心得

土曜日はひさしぶりのお稽古。三週間ぶりに身体を動かす。滝のような汗。

さすがにお盆なので、稽古に来る人は少なく、二十人ほど。いつもの半分である。日曜日は多田塾甲南合気会の「第〇《ゼロ》回演武会」。来年第一回をやる予定なので、予行演習である。二十九人が演武する。

私も回らぬ舌で説明演武をする。身体は動かしていないけれど、このところ『日本辺境論』にずっと武道のことを書いているので、理だけは進んでいる。

その「理」の部分を話す。

こと身体技法については、理だけ進んで身体がついてこないということはあまり起こらない。というのは実際に身体能力の発現を阻んでいるのは大半が脳内のファクターだからである。

身体はいろいろなことができる。意識化して操作する運動と数桁違うくらいの種類の運動をこなすことができる。それができないのは脳が「人間の身体というのはこういうふうに動くものである」という思いこみによるリミッターをかけているからである。

それを解除する。

道場に出なくても、朝から晩まで武道の身体運用の理合について考えていれば、脳内のリミッターは少しずつ解除され、運動可能性はその分だけ拡がる。もちろん、「解除されたかどうか」は実際に道場で動いてみないとわからない。その点については、「仮説、実験、反証事例の吟味、仮説の書き換え」という自然科学の進め方とまったく同じである。

私のいまのところの理は「葛藤仮説」と「先駆性仮説」である。

「葛藤仮説」というのは同時に相反する二つの命令を身体に下すと、身体はその葛藤を解決するために「おもいがけないソリューション」を提示する、というものである。例えば、「一気に斬りおろせ」という命令と、「最後の最後まで最適動線を探ってためらえ」という命令を同時に発令する。すると、身体はこの二つの要請に同時に応えるべく、実に不思議な運動を工夫し始める。

その意味で身体は妙に「素直」である。「そんなことはできません」というような賢しらを言わずに、素直に二つの命令を同時に履行しようとする。

「カツを食いたい」「カレーを食いたい」と同時にオーダーが入ったので、「カツカレーを発明しました」というような事態を想像していただければよろしいかと思う。

「先駆性仮説」というのはこのところの私の脳裏を去らぬアイディアである。人間は「どうふるまっていいかわからないときに、どうふるまっていいかを知っている」というあの潜在的な能力のことである。

レヴィ＝ストロースが『野生の思考』に書いたように、「野生」の人々は「ありあわせのもの」しかない、限定された資源のうちで生活している。レヴィ＝ストロースはそのありようを「ブリコルール」(bricoleur) と呼んだ。

ブリコルールは日常的には「日曜大工」のことである。そこらにあるありあわせの道具とありあわせの材料で器用に棚を作ったり犬小屋を造ったりする人のことをフランス語でそう呼ぶ。

野生の人たちは本質的にブリコルールである。彼らの世界は資源的には閉じられた世界である。「ありもの」しか使えない。通販で取り寄せたり、コンビニで買い足したりすることができない。それゆえ、ブリコルールたちは「道具」の汎用性、それが蔵している潜在可能性につよい関心がある。

レヴィ＝ストロースはこう書いている。

彼の道具的世界は閉じられている。そして、ゲームの規則は「手持ちの手段」でなんとかやりくりするということである。(…)ブリコルールの持ち物は何らかの計画によって定められたものではない。(…)ブリコルールたちの口ぶりを真似て言えば、彼らの道具や資材は「こんなものでも何かの役に立つことがあるかもしれない」(ça peut toujours servir)の原理に基づいて収集され保存されているのである。(Claude Lévi-Strauss, *La Pensée sauvage*, Plon, 1962, p.32)

私は大学院生のころにこの文章を初めて読んだ。そのときは、どうしてレヴィ＝ストロースが「こんな話」を、その書物の冒頭に置いたのか、意味がわからなかった。『野生の思考』という書物は戦後十五年間フランスのみならず世界の知的世界に君臨していた「帝王」サルトルの実存主義王朝をそれ一冊で突き崩した恐るべき破壊力を持った書物である。それは構成に一分の乱れもない、徹底的にコントロールされた書物であった。だとすれば、この歴史的に重要な書物が「手持ちの資源でやりくりする人間」についての記述から始まったことには必然性がなければならない。でも、そのときの私にはその必然性がどうしても理解できなかったのである。だから、それから三十年間ずっと「ブリコルール」のことばかり考えてきた。そして、三十年経って、ブリコルールたちは「先駆的な知」のたいせつさを教えているのではないかと思うに至ったのである。

ジャングルを歩いていると目の前にさまざまな「モノ」が出現してくる。それは植物であったり、動物であったり、無機物であったり、有機物であったり、人工のモノであったり、自然物であったりする。その「あるもの」を前にしたときにブリコルールは立ち止まる。そして、「こんなものでも何かの役に立つかもしれない」と言って、ほいと合切袋に放り込む。

なぜ、それが「何かの役に立つかもしれない」とわかるのか。

ジャングルの中には「とりあえずその用途や実用性がわからないもの」がそれこそ無数にあったはずである。「とりあえずその用途や実用性がわからない」無数の選択肢の中から、なぜ他ならぬ「それ」が際立った仕方で彼の関心を惹きつけたのか。それができる力は「先駆的知」と呼ぶ他ない。

「何かの役に立つかもしれない」と思って拾い上げたものがその後、死活的に重要な役割を果たしたという経験を繰り返すことによってしか、「とりあえずその用途や実用性がわからないもの」の用途と実用性を先駆的に直感する能力は涵養されない。そして、たぶん太古から、資源の乏しい環境を生きてきた私たちの祖先はその「先駆的に知る力」をあらゆる機会を通じて強化洗練させてきたのである。

いきなり大地震に遭遇するとか、ハイジャックに遭うとか、ゴジラの来襲に逃げまどうというような状況については「こういうときはこうふるまいなさい」というマニュアルは存在しない。真に危機的な状況というのは、「どうふるまっていいか」についての実定的な指針がない状況のことである。けれども、それを生き延びなければならない。

そのためには、「清水の舞台から飛び降りる」ような決断をしなければならないのだが、あんなところからむやみやたらに飛び降りたらもちろん首の骨を折って死んでしまう。「清水の舞台から飛び降りる」ことができるためには、「セーフティネットが張ってある場所」めざして飛び降りることができなければならない。舞台の上からはセーフティネットは見えない。見えないけれど、見当をつけて「このへん」と飛び降りることのできる人間だけが、生き延びることができる。

針の穴ほどの生き延びるチャンスを「先駆的に知っている」ことがどれほど死活的であるか、私たちはあまりに豊かで安全な社会に暮らしているために、もう忘れてしまっている。けれども、そのような能力はたしかに私たち全員に潜在している。それを開発する努力をしているかいないか、開発のためのメソッドを知っているかいないか、その違いがあるだけである。

私たちの時代の子どもたちが学ぶ力を失っているのは、彼らの「先駆的に知る力」が組織的に破壊されてきたからである。

「学び」は、それを学ぶことの意味や実用性について何も知らない状態で、それにもかかわらず「これを学ぶことが、いずれ私が生き延びる上で死活的に重要な役割を果たすことがあるだろう」と先駆的に確信することから始まる。

学び始める前の段階で、学び終えたときに得られる知識や技術やそれがもたらす利得についての一覧的な情報開示を要求する子どもたち（「それを勉強すると、どんないいことがあるんですか?」と訊く「賢い消費者」的な子どもたち)は、「先駆的な知」というものを知らない。彼らは「計画に基づいて」学ぶことを求め、自分が実現すべき目的のために有用な知識や情報だけを獲得し、それとは関係のないものには見向きもしない。そんなふうにすることで、おそらく本人はきわめて効率の良い、費用対効果の高い学び方をしていると思っているのだろう。だが、あらかじめ下絵を描いた計画に基づいて学ぼうとするものは、「先駆的に知る」力を自分自身の手で殺しているのである。

「先駆的に知る力」とは「生き延びる力」のことである。それを殺すことはいわば緩慢な自殺に他ならない。武道はこの「先駆的な知」の開発のための技法体系である。私たちはそれを「気の感応」とか「気の錬磨」というふうに呼んでいるのである。

というような話を二日後に、広島での講演会で、広島県の国語の先生たちを相手にお話しする。武道の稽古をしながら同じネタで本を書き、講演もする。同一資材の使い回しである。「ありもの」で何でもやる。そういう人を「ブリコルール」というのである。

(二〇〇九年八月)

「教育」という「おせっかい」

昼から夜まで卒論の中間発表会。十四人分の卒論についてお話を聴き、質疑応答。六時間かかった。

私のゼミはご案内のとおり、ひとりひとりの学生が自分の興味のあることを調べて、分析するというただそれだけである。個別的な領域についての知識や情報を蓄積することが目的ではない（そんなものは、彼女たちの人生にほとんど役に立たない）。

卒論の最大の教育効果は「どうして自分は『こんなこと』に興味を持ったのか」、その理由について長期的に（うっかりすると死ぬまで）考えなければいけない点にあると私は考えている。

だから、卒論の冒頭にはもちろん「どうして私はこの研究テーマを選んだのか」を書いてもらう。

まことに興味深いことに、これまで私は数百本の卒論を読んできたが、この「テーマ選択の理由」について「なるほど」と納得のゆく文章を読んだことがない。例外的に際立ってすぐれた内容の卒論を書いた学生でさえ、自分がどうしてそのことを研究することになったのか、その理由を言えなかった。

ということは、卒論が要求するもろもろの知的作業の中で、これがいちばんむずかしい課題だということである。

私自身は卒業論文の主題にメルロー＝ポンティの身体論を選んだ。メルロー＝ポンティの「肉」(la chair) という概念につよく惹かれたのである。「身体知」ということと「身体を媒介にした他者との共生」について研究したのであるが、驚いたことに二十三歳のときに私が選んだテーマを私はそれから三十年以上ずっと研究し続けているのである。

まだやっているということは、どうしてそんなテーマを選んだのか、今でもうまく言えないからである。

今年の学生たちの特徴は「実務志向」であった。

企業経営の話を選んだ学生たちが多かった。それもきわめて具体的な。雇用戦略、マーケティング、商品開発、インターネットショッピング、成功した業態などなど。

少し前までは経済や経営を論じるときはもっと抽象的だった。抽象的というか、「高みから」みおろすような、ジャーナリズムの視点から書かれることが多かった。

今回の卒論は違う。どれも、「現場で働いている当事者」視点である。

ビジネスの現場は待ったなしで「今そこにある」。そして、彼女たちはあと半年でそこで働くことになるのである。それがどういう原理で機能しているのか、そこではどうふるまうのが適切なのか。これは彼女たちにとって実に切迫した問いなのである。以前であれば、「非正規雇用労働者による雇用調整は止めなければならない」とか「女性の労働環境を整備するために託児所を整備すべきである」というような型どおりの「政治的に正しい結論」で終わりになっていたであろう。だが、いまの彼女たちにとっては「正しい答え」をさらさら書いて「終わり」にすることより、「どうして、そうならないのか」について原因を問うことの方が緊急性が高い。「資本主義が悪いから」とか「経営者が不道徳だから」というような包括的な結論を出しても、それで事態がさして好転するわけではないということが彼女たちにはもうわかっている。一般論でくるよりも、自分たちがこれから実際に働くとき「わりと条理の通った労働環境」と「さっぱり条理の通らない労働環境」とを個別的に識別できることの方がたいせつである。

たぶんそういうふうに考えているのであろうと思う。そのような能力の開発が急がれる状況が「よい」ものだとは思えないが、それが彼女たちの社会的「成熟」を促していることは事実である。成熟しなければ生き残れないほどに、生きるのがむずかしい社会になってきたのである。

水曜木曜は朝から晩まで原稿を書く。『週刊ポスト』に村上春樹論を書き、『日本経済新聞』に『坂の上の雲』論を書き、『新潮45』に「草食系男子」論を書き、『文藝春秋』にも『坂の上の雲』論と「全共闘運動」論と坂本龍馬論を書き、『AERA』に田中派政治と中国について書き、『Sportiva』にイチロー論を書いた（ほんとうである）。その間に『邪悪なものの鎮め方』のデータを見てバジリコの安藤さんに送り返し、『東京ファイティングキッズ・リターン』の初校ゲラを校正して文春の大村さんに送り返した。どうしてこんなに大量の原稿を（それも支離滅裂なテーマで）書かなければならないのか。

さすがに「草食系男子」論を書いているときには、背中がばりばりになってきて、「どうしてオレがこんなことについて書かなきゃいけないんだ！」と虚空に向けて泣訴したのであるが、これは新潮社の野木さんからの依頼なので断ることができぬのである（先日うちの院生のクロダくんが野木さんに全共闘運動のオーラル・ヒストリーの聴き取りでずいぶんお世話になってしまったのである）。そういう種類の「あれこれの義理ゆえに断ることのできない原稿」を身を削って書いているのである。

草食系男子論を書き上げたので、中之島公会堂へ。

大阪市と21世紀協会と140Bが主宰する「21世紀懐徳堂《かいとくどう》プロジェクト・ナカノシマ大学」のキックオフイベントに出かけたのである。平松邦夫大阪市長と鷲田清一先生と釈徹宗先生と懐徳堂と教育をめぐるシンポジウム。

平松市長とははじめてお会いする。とてもいい人だった。なにより、「ジェントルマン」であった。

いったい「懐徳堂プロジェクト」ということで何をしたいのか、実はよくわかっていなかったのであるが、お三方の話を伺っているうちにだんだんわかってきた（四人の中で私だけが何も知らずにその場に来ていたのである）。

なるほど。

そうであれば、私も一臂《いっぴ》の力をお貸しせねば（といってもいつのまにかもうプロジェクトの講師になっているのであるが）。

懐徳堂は十八世紀のはじめに船場の五人の豪商が自腹を切って始めた学塾である。

ご案内のとおり、江戸時代の大阪は三十万人市民のうちに侍が一万人しかいない「町民の街」であった。懐徳堂は町民たちが自分の手で作った町民たちの教育の場である。富永仲基《なかもと》や山片蟠桃《やまがたばんとう》のような卓越した学者を輩出したが、別にカリキュラムもないし、プログラムもないし、シラバスもないし、認証評価もない。だいたい金のない人からは授業料も取らなかったのである。

21世紀の懐徳堂プロジェクトの本旨もまた「自腹を切って教育の場を作り出す」ということでなければならないと私は思う。

教育というのは「教育を受ける側が受益する」ものではない。もちろん教育を受けるものは利益を得るのだが、それだと「だったら、金を払え」という話になる。「教育を受けること」を「商品を買うこと」と同定すれば、「自腹を切って教育をする」という発想はどこからも出てこない。それは商品を無料でばらまくことだからだ。

懐徳堂が成立したのは、教育の目的は「教育を受けるものの自己利益を増大すること」ではなく、「共同体が生き延びること」だということについて創設者たちの合意があったということである。

自己利益の追求と同じ熱意をもって公共の福利を配慮することのできる「公民」(citoyen) を育成することは共同体にとって死活的な重要事である。

学校とは公民の育成のための場であり、私人が「それを勉強すると利益になる」ような知識や技術を身につけるための場ではない。

21世紀懐徳堂がその名にふさわしいものであるためには、「教えたい」と思う側が

「まず身銭を切る」ところから始めるしかない。

「教わりたい」というニーズがあるので、それにふさわしい「教育コンテンツ」を有償で提供するというのではない。まず「教えたい」という「おせっかい」があり、それが「教わりたい」というニーズを作り出すのである。

私自身の自分の教師としての原点は、一九八〇年代に瀬田で自分の道場を開いたときの経験である。

会員はわずか数名だった。稽古は木曜日の午後六時半から、瀬田中学校の体育館を借りてやっていた。ある木曜日に台風が来たことがあった。夕方から降り始めた豪雨の中、バイクで大学から家に帰り、体育館に向かった。薄暗い無人の体育館に一人で十八枚畳を敷いて会員が来るのを待った。

誰も来なかった。

まあ、外は台風なんだから、当たり前である。

一時間ほど待ったところで近所に住んでいる中学生がそおっとドアを開けて体育館の中を覗き込んで、びっくりしたように「あ、先生、やっぱり今日も稽古あったんだ」と言った。

「台風だからさ、もうないのかなと思って」

いつだってやるよと私は答えて、彼と一時間ほど差し向かいで稽古をした。

その日、外で台風が吹き荒れているときに、無人の寒々とした体育館で誰かが合気道を稽古しに来るのを待ちながら、自分はどうして「こんなこと」をしているんだろうと考えた。

「教わりたい」という人が誰もおらず、「教えたい」という自分だけがいるという状況は何か非合理なんじゃないかと思った。

でも、「合気道を教わりたい」という人が何人か集まって三顧《さんこ》の礼を尽くさない限り「教えない」というようなことを条件にしていたら、合気道はたぶん永遠に普及しない。

教えるというのは本質的に「おせっかい」なことである。

私はそのときにそう思った。教育というのは、「教わりたい」という人が来るのをじっと待っているものなのだ。

大粒の雨が窓を打っている、暗い無人の道場で教わりたいという人が来るのをじっと待っていたあのときの姿が教師としての自分の基本のかたちを作ったのではないかと今では思う。


（二〇〇九年一〇月）

こびとさんをたいせつに

一年生の基礎ゼミの第一回目。

この何年か、一年生のゼミが面白い。大学のゼミってどういうものだろう。なんだか知らないけれど、食いついてやろうという「前のめり感」があって、こちらもそういうのには弱いので、つられて前のめりになってしまう。

最初は「ゼミとは何か」ということについてお話しする。

実は私にも「ゼミとは何か」ということがよくわかっているわけではない。だから、毎年言うことが変わる。

今回はふと口を衝いて「ゼミの目的は自分の知性に対して敬意をもつ仕方を学ぶことです」と申し上げてしまう。

言ってみてから、そういえばそうだなと思う。

ポランニーの「暗黙知」(Tacit Knowing)も、カントの「先験的統覚」も、フッサールの「超越論的直観」も、要するに、「私は自分の知らないことを知っている」という事態を説明するためにつくられた言葉である。

古来賢人たちは必ず「どうして私はこんなに賢いのか」という問いに遭遇した。

遭遇するに決まっている。

自分の賢い所以をすらすらと自力で説明できる（「やっぱ、子どものときにネギぎょうさん喰うたからやないですか」とか）ような人間は「賢者」とは言われない。真の賢者は恐ろしいほどに頭がいいので、他の人がわからないことがすらすらわかるばかりか、自分がわかるはずのないこと（それについてそれまで一度も勉強したこともないし、興味をもったことさえないこと）についても、「あ、それはね」といきなりわかってしまう。

だから、自分でだって「ぎくり」とするはずなのである。

何でわかっちゃうんだろう。

そして、どうやらわれわれの知性というのは「二重底」になっているらしいということに思い至る。

私たちは自分の知らないことを知っている。自分が知っていることについても、どうしてそれを知っているのかを知らない。

私たちが「問題」として意識するのは、その解き方が「なんとなくわかるような気がする」ものだけである。

なぜ、解いてもいないのに、「解けそうな気がする」のか。

それは解答するに先立って、私たちの知性の暗黙の次元がそれを「先駆的に解いている」からである。

私たちが寝入っている夜中に「こびとさん」が「じゃがいもの皮むき」をしてご飯の支度をしてくれているように、「二重底」の裏側のこちらからは見えないところで、「何か」がこつこつと「下ごしらえ」の仕事をしているのである。

そういう「こびとさん」的なものが「いる」と思っている人と、そんなこと思ってもみない人がいる。

「こびとさん」がいて、いつもこつこつ働いてくれているおかげで自分の心身が今日も順調に活動しているのだと思っている人は、「どうやったら『こびとさん』は明日も機嫌良く仕事をしてくれるだろう」と考える。暴飲暴食を控え、夜はぐっすり眠り、適度の運動をして……くらいのことはとりあえずしてみる。それが有効かどうかわからないけれど、身体的リソースを「私」が使い切ってしまうと、「こびとさん」のシェアが減るかもしれないというふうには考える。

「こびとさん」なんかいなくて、自分の労働はまるごと自分の努力の成果であり、それゆえ、自分の労働がうみだした利益を私はすべて占有する権利があると思っている人はそんなことを考えない。

けれども、自分の労働を無言でサポートしてくれているものに対する感謝の気持ちを忘れて、活動がもたらすものをすべて占有的に享受し、費消していると、そのうちサポートはなくなる。

「こびとさん」が餓死してしまったのである。

知的な人が陥る「スランプ」の多くは「こびとさんの死」のことである。「こびとさん」へのフィードを忘れたことで、「自分の手持ちのものしか手元にない」状態に置き去りにされることが「スランプ」である。

スランプというのは「自分にできることができなくなる」わけではない。

「自分にできること」はいつだってできる。

そうではなくて「自分にできるはずがないのにもかかわらず、できていたこと」ができなくなるのが「スランプ」なのである。

それはそれまで「こびとさん」がしていてくれた仕事だったのである。

私が基礎ゼミの学生たちに「自分の知性に対して敬意をもつ」と言ったときに言いたかったのは、君たちの知性の活動を見えないところで下支えしてくれているこの「こびとさん」たちへの気遣いを忘れずに、ということであった。

それは同じ台所を夜と昼で使い分けをしている二組のクルーの関係に似ている。昼のクルーがゴミを散らかし、腐った食材を置きっぱなしにし、調味料が切れても買い足しておかないと、夜来た「こびとさん」たちは仕事がしにくくて困る。だから、自分のパートが終わるときには、「こびとさん」のためにちゃんとお掃除をしておいた方がいい。

そういう気遣いを自分自身の知性の「二重底の下の世界」でこつこつ働いている「何か」に対して示すこと。

それはほんとうに、ほんとうにたいせつなことなのである。

そんなことを言ってもわからない人にはぜんぜんわからないだろうけれど。

私には私の「こびとさん」がいる。

わりと個性的な方である。

「怒りっぽい」のである。

世の中のさまざまな不条理についてすぐにむかっ腹を立てる。「おいおい、それはちょいと話の筋目がおかしいんじゃねえかい。人というものはね」というようなことをすぐに言い出す。

言い出すと後に引かない。

その点を除くと、たいへん働き者で、総じて上機嫌ないいやつである。

だから、私の主たる仕事は「こびとさんを怒らせないこと」である。それさえちゃんとしておけば、私の「こびとさん」はほんとうに働き者である。いつもは私の「ゴーストライター」として原稿を書き飛ばしている。その速度たるや、横で眺めている私が驚嘆するほどである。

おまけに彼は原稿料や印税を要求しないのである。

「そういうものはウチダくんがとっておきたまえ」とまことに太っ腹である。

合気道の道場もこの「こびとさん」に建ててもらったようなものである（まだ建ってないけど）。

学生諸君ひとりひとりの中にも小さな「こびとさん」がいる。自分の「こびとさん」にどうやって機嫌よく仕事をしてもらうか。それについてひとりひとりでしっかり工夫を凝らしていただきたいと思う。

（二〇〇九年一〇月）

家事について

関川夏央さんから『家族の昭和』（新潮社）を送っていただいた。

向田邦子、幸田文、吉野源三郎、鎌田敏夫らの描いた「昭和の家族」像の変遷を関川さんらしい静かで滑舌のよい文体でたどったものである。

私はひさしく関川さんの文章のファンである（だから本学の客員教授も三顧の礼を尽くしてお引き受け願ったのである）。

この本の中では幸田文について書いた部分が圧倒的におもしろかった。

それはここに登場する人々が器量と雅致をバランスよく身につけることを当然の「理想」としていたからである。

明治以降でも、能力や寛仁を尊ぶ価値観は続いたが、生活の中の風雅を悦ぶ習慣は失われた。現代人にとって「風雅」はただの「金のかかる装飾」「社会階層差を強調する文化資本」以上のものではない。

けれども、明治の文人の家では風雅は具体的に、身体的に、日常の挙措のうちに生きられていたのである。

幸田文は父露伴に家事について徹底的な訓練を受けた「家事のくろうと」である。その消息を関川さんはこんなふうに書いている。長いけれどそのまま引用する。

幸田文は女学校に入ってまだ間もない頃、父露伴に「おまえは赤貧洗うがごときうちへ嫁にやるつもりだ」と、むしろたのしげにいわれたことがあった。

「茶の湯活け花の稽古にゃやらない代り、薪割り・米とぎ、何でもおれが教えてやる」

露伴は「薪割りをしていても女は美でなくてはいけない、目に爽かでなくてはいけない」と文にいった。鉈を使うにあたっては、「二度こつんとやる気じゃだめだ、からだごとかかれ、横隔膜をさげてやれ。手のさきは柔かく楽にしとけ。腰はくだけるな。木の目、節のありどころをよく見ろ」という教えかたをした。「横隔膜をさげてやれ」は、「脊梁骨を提起しろ」と同じく露伴の口癖であった。それが「物事の道理に従う」姿勢であり、「美」と「爽かさ」におのずとつながる態度なのである。

雑巾がけを教えるとき、露伴はまず「水は恐ろしいものだから、根性のぬるいやつには水は使えない」と、文をおどかした。バケツに水を八分目用意すると、「水のような拡がる性質のものは、すべて小取りまわしに扱う。おまけにバケツは底がせばまって口が開いているから、指と雑巾は水をくるむ気持で扱いなさい、六分目の水の理由だ」といった。

露伴自身が実際に雑巾がけをやってみせたときの姿を、文は書いている。

「すこしも畳の縁に触れること無しに細い戸道障子道をすうっと走って、柱に届く紙一ト重の手前をぐっと止る。その力は、硬い爪の下に薄くれないの血の流れを見せる。規則正しく前後に移行して行く運動にはリズムがあって整然としてい、ひらいて突いた膝ときちんとあわせて起てた踵は上半身を自由にし、ふとった胴体の癖に軽快なこなしであった。」（『父・こんなこと』のうち「水」）（関川夏央、『家族の昭和』、新潮社、二〇〇八年、一二四～一二五頁）

露伴が教えた薪割り、雑巾がけの骨法はそのまま操剣の心得に通じている。露伴は幕臣の子であるから、このような身体操作はその頃の武家の子どもたちの必修科目だったのであろう。

実用と美を身体操作の修練を通じて身につけるという教育法はまことに「手堅い」ものだ。ここで露伴が教えようとしているのは、「主体」と「対象」の二項対立をどう離れるか、ということである。

どうやって身体と雑巾と板目を「なじませる」のか、どうやって身体と鉈と薪を「ひとつのもの」として操作するか。雑巾がけが爽やかに、美しくできるようであれば、人間としてかなり「出来がよい」と判定できるという評価法が露伴の時代まではしっかり根付いていたのである。

私はこの評価法はつねに有効だと思う。

それは道具を介して「外界となめらかなインターフェイスを立ち上げる」という技術はきわめて汎用性が高いからである。

多田先生の剣杖の講習会では数時間にわたってひたすら剣と杖を振り続ける。別にそれで筋骨を鍛えるとか、剣杖の動きを速くするとか、そういう計量的な目的のためにしているのではない。

木でできた道具を自分の身体の一部分のように感じ取るのがどれほどむずかしいことかを実感するために稽古しているのである。

「私」が「剣」を「揮《ふる》っている」というふうに、主語と他動詞と目的語の構文でこの動作をとらえている限り、この反復練習はただの苦役である。

そんなことのために時間を費やしても意味がない。

私たちはそこに「私・剣複合体」が生成して、それが「動きたいように、動いている」という体感構造に身体の文法を書き換えるために稽古しているのである。

それが無意識のうちにできるようになれば、他のどのような「もの」と出会っても、私たちは一瞬のうちに、それと「融け合って」、自在に動きたいように動くことができるようになるはずである。

それが剣であっても、杖であっても、あるいは体術のように相手の身体であっても、雑巾であっても、鉈であっても、原理的には同じことである。

家事労働を「できるだけしないですませたい不払い労働」ととらえる風潮の中で、家事労働もまた万有と共生するための基礎的な身体訓練の場でもあるという知見は顧みられなくなった。

それでも関川さんが書いているように、今も幸田文の本が途絶えることなく読み継がれているのは、その家事労働についての知見が失われるべきではないという「常識」が私たちの間にまだかろうじて生き延びているからだろう。


（二〇〇八年六月）

歓待の幕屋

一九日から二八日までの十日間に八回忘年会をやるという、たいへん消化器系および肝臓に負荷のかかる日々を過ごしている。とりあえず昨日までに七回の忘年会を消化した。

昨日は恒例の「煤払い」。

以前はひとりで四日くらいかけて家中を掃除していたのであるが、近年は谷口隊長率いる「甲南合気会お掃除隊」というボランティア団体がやってきて、勝手にどんどんお掃除して、冷蔵庫の中の賞味期限の切れた食材を棄てて、風呂のタイルの目地を磨き上げ、家の中をぴかぴかにしてくれる。今年は、隊長以下、キヨエさん、ババさん、ムカイさん、ヒロスエくん、タカトリくん、オオサコくんの総勢七名。

ありがたいことである。

他人に自分の掃除を任せて宜しいのかというお考えをされる方もおられるであろう。

私は構わないと思う。

私は個人の家をプライベートに「閉じる」ということにあまり興味がない。家もまた「開放系」であるべきではないのかと思うからである。

家というのは単なる居住のための空間ではなく、極論すれば「自我の比喩」のように思われる。

だから、家を自分の好みで統一する人間というのが私はあまり好きではない。

よく雑誌に、趣味的に統一された端正な部屋を披露して自慢げにしている有名人が出ているが、それを見ると、「なんか厭」と思う。

なんというか「とりつく島がない」ような気がするのである。
もっと雑多でいいんじゃないかなと思う。だって、人間て、雑多なものでしょ。
私は雑多な人間である。
だから、頭の中にはぐちゃぐちゃといろいろな想念が渦巻いている。アカデミックなアイディアもあるし、意馬心猿のごとき悪念も跋扈《ばっこ》している。詞想も浮かべば、だじゃれも浮かぶ。同胞愛に満たされるときもあるし、排他的憎悪に猛り狂うこともある。そういうものを全部含めての私である。

そういう「手札」をできれば、ちゃんと並べて出しておきたい。私自身に対して、私自身を情報開示しておきたい。

抑圧とか隠蔽とか、あまりしたくないのである（もちろん、抑圧というのは「抑圧していること自体に本人が気づいていない」というかたちで機能するので、「抑圧しないですませる」ということはどうせ無理なんだけど）。でも、できるだけ開示する。

その「自我の公開」をめざす構えというのは、記号的にはその人の家のありように表れるのではないかと思っている。

家がシンプルなデザインで統一されている人というのは、自我の設計もシンプルなデザインを選択しているのではないかと思う。それだけたくさんの「抑圧されているもの」が誰も知らない「地下室」でひそかに腐臭を発しているような気がする。

私はそれが厭なのである。

どれほど表面をきれいにしておいても、私たちは「地下室から漂う腐臭」からは逃れることができない。だから、できることなら私の家の「地下室」にはミセス・ベイツのミイラとか、そういう気持ちの悪いものはしまっておきたくないのである。別に表玄関に展示しろとは言わないけれど、もう少しアクセスのいいところ（ミイラが急に起き上がってきたときに、とりあえず手近に「逃げ道」のあるところ）に置いておいたほうがいいと思う。

「お掃除隊」のみなさんは「ウチダの家はこんなふうであって欲しい」という、それぞれの思いを以て登場され、てんで勝手に私の家を掃除してゆく。

結果的にはそこに「私自身のセルフイメージ」と「みなさんが私だと思っているイメージ」が雑然と空間的に表象されることになる。

その不整合が「いい湯加減」である。

書棚はヒロスエくんが掃除してくれた。「ウチダの書棚にはこんなふうに本が並んでいるはずである」という彼女の想像に基づいて配架されている。「他人が想像した私の頭の中」がそこに空間的に表象されているわけである。私が自分で並べても、どうせどこにどんな本があるかよくわからないということについてはたいして変わりがないからよいのである。

他人が私について抱いている（無根拠な）幻想や（驚嘆すべき）洞察を「込み」で「そういう人間です」というふうに私は名乗ることにしている。だって、実践的には「他人がそういう人間だと思っている人間」としてしか社会的に機能しようがないんだから。

そういうふうにして自我のうちに他者が侵入してきているありかたを「常態」とみなすということを家は実践的に表象しているのではないかと私は思う。

アブラハムが義人とされた理由について、レヴィナス老師は「それはアブラハムの幕屋は荒野からそこにたどり着いた見知らぬひとたちを迎える歓待の場だったからである」と書いている。ひとりとして客人を見落とさないようにアブラハムの幕屋はそれゆえ四方に「玄関」があったと伝承は伝えている。

アブラハムには遠く及ばないけれど、私もまた我が家をささやかな「歓待の幕屋」としたいと願っているのである。

（二〇〇九年一二月）

論争するの、キライです

『考える人』の春号が届いたので、開いてみると、「聖書特集」にレヴィナスについてのインタビューが出ていて、「日本の身体」第十回で大相撲の松田哲博さんとの「シコとテッポウ」対談が出ていて、なかほどには福岡伸一ハカセとの「動的平衡と贈与経済」についての対談が出ていた。いくらなんでも季刊誌の同じ号に別のトピックで三回登場させるというのは、「番組編成」上無理があるのではと思う。

いや、私はいいんですけどね、もちろん。原稿料いただけるわけですから。

でも、読者の方々がどうお思いになるか。

「げ、またウチダだよ。おい、この本、どうなってんだよ。」

そういうリアクションがただいま日本全国津々浦々でなされているのではないか、と。

いや、私はいいんですけどね。もちろん。

そりゃ、『Sight』のような渋谷くんの個人誌の場合であれば、「源ちゃん、まだ来ないみたいだから、待ってる間に、ウチダさん、『婚活』話で一本取っちゃおか」的な紙面構成は経費的に「あり」だと思いますけど。

とまあ、そういうわけで、世にも珍しい「一冊に同一人物三たび回帰号」です（バルザックじゃないんだよ）。

このところ政治がらみの取材やインタビューが続く。

某月刊誌で、某超有名政治評論家との対談をオッファーされるが、お断りする。そのような本筋のメディアで、専門家相手に語るような知見を私は有しておらないからである。私が高橋源一郎さんとおしゃべりしているのは、あくまで素人の「床屋政談」を楽しんでいるのである。というより、政治学や政治史の専門家が読んだら、「こめかみに青筋を立てて激怒する」ようなことだけを選択的にしゃべっている。だから、理の当然として、そのような方々と会ってしゃべったら、先方は「こめかみに青筋を立てて激怒する」に決まっている。そちらも当然不愉快であるし、私も「素人が何をほざくか。口を噤んで黙っておれ」と一喝されれば気分が悪い。

両者ともあまり楽しくない。だから、お断りするのである。

そもそもこの手の対談の企画というのは、どういう視点から構想しているのか、よくわからないことが多い。「談論風発、話がどっと盛り上がり……」という視点からではなく、「ハブとマングースのどづきあい」というようなものを期待して企画しているケースも散見される（どころではない）。

これは対談会場で「襟首つかみ合っての乱闘」ということになると、両名の本が売れ、場外乱闘となって相互に罵倒するところまで持ち込めば、週刊誌月刊誌がおもしろおかしく煽り立て……という、メディアの営業上たいへん「おいしい」展開になることが予測されるからである。

ビジネスマインド的には、「論争を仕込む」というのは「あり」である。けれども、つねづね申し上げているように、人文系の領域での論争というのは、最終的には脊髄反射的な揚げ足取り能力と性格の悪さで決する。

私はこれまでいくつかの論争を読者として見てきたが、論争の勝者から学んだ知見はあまり多くない（というか、ほとんどない）。むしろ「論争で勝つ側の人間は、別のかたちで何かを、それも論争の勝利で得たよりも多く失う」ということを学んだように思う。だから、そういう剣呑《けんのん》なものには近づかないことにしている。

以前、他人の技を批判してはいけない、と多田先生に教えていただいたことがある。「どうして他人の技を批判してはいけないのですか」と先生にお訊ねしたら、先生は「他人の技を批判しても、自分の技がうまくなるわけではないからだ」と答えられた。

そして、「批判して上達するなら、俺だって一日中他人の技を批判してるよ」と破顔一笑されたのである。

けだし武人の風儀というべきであろう。

あるとき橋本治さんが、ある高名なフェミニストと対談したことがあった。はじめて会って、しばらく歓談して、では収録をというときになったら、橋本さんの姿がなかった。

家に帰ってしまったのである。

「ああ、この人とは、話すことが何もない」と思ったからだそうである。

これもまた士大夫の風儀と言うべきであろう。


（二〇一〇年四月）

甲野先生の最後の授業

甲野善紀先生を本学の特別客員教授にお招きして三年。この年度末で任期満了となる。二月一日から三日までの集中講義が甲野先生の本学における最後の授業である。

ご挨拶に伺い、お稽古に加えて頂く。

ずいぶん多くの学生たち（および「にぎやかし」の合気道部員、杖道会員、ＯＧ、甲南合気会員）がミリアム館にひしめいて、さまざまな身体技法をあちこちで試みている。

甲野先生の講習会はだいたいこういうかたちで、「全級一斉」という指導法はなされない。ひとりひとりが自分のペースで、自分の選んだ課題を試みる。だいたい数人のグループになって教え合ったり、「そうじゃないよ」と直し合ったりしている。そのグループも固定していない。甲野先生が何か違うことを始めると、自然に解体して、また違う人たちとのグループが出来る。

自分の身体の内側で起きていることを「モニターする」というのが、稽古の基本であるから、外的な規制はできるだけ行わず、ひたすら自分の内側の出来事に感覚を集中させるというのが、おそらく甲野先生の方針なのであろう。

だから授業なのだが、点数はつけない。

もちろん教務的には成績をつけていただかないと困るのだが、甲野先生の授業の成績は「自己申告」制である。遅刻早退しても、でれでれさぼっていても、自分で成績表に百点と書き込めば百点をつける。

ただし、と先生は笑いながら告知していた。

「そういうことをすると、あとで別のところで『税金』をきっちり取られることになるからね」

おっしゃる通りである。

他人の監視や査定を逃れることはできるが、自分が「成績をごまかすような小狡《こずる》い人間だ」という自己認識からは逃れることはできない。

つねづね申し上げていることだが、他人を出し抜いて利己的にふるまうことで自己利益を得ている人間は、そういうことをするのは「自分だけ」で他人はできるだけ遵《じゅん》法《ぽう》的にふるまってほしいと願っている。高速道路が渋滞しているときに路肩を走るドライバーや、みんなが一列に並んで順番を待っているときに後ろから横入りする人は「そんなことをするのが自分だけ」であるときにもっとも多くの利益を得、「みんなが自分のようにふるまう」ときにアドバンテージを失うからである。

だから、彼らは「この世に自分のような人間ができるだけいないこと」を願うようになる。

論理的には必ずそうなる。

その「呪い」はまっすぐ自分に向かう。

「私のような人間はこの世にいてはならない」という自分自身に対する呪いからはどんな人間も逃れることはできない。そのような人は死活的に重要な分岐点に至ったとき、無意識的に「自滅する」方のくじを引いてしまうのである。

しかるに、「自分のような人間は自分だけである方が自己利益は多い」という考えを現代人の多くは採用している。「オリジナリティ」とか「知的所有権」とか「自分探しの旅」とかいうのはそういうイデオロギーの副産物である。けれども、「オリジナルであること」に過大な意味を賦与する人たちは、そのようにして「私のような人間はこの世にできるだけいない方がいい」という呪いを自分自身かけていることを忘れている。

「私のような人間ばかりの世界」で暮らしても「平気」であるように、できれば「そうであったらたいへん快適」であるように自己形成すること、それが「倫理」の究極的な要請だと私は思う。

「世界が私のような人間ばかりだったらいいな」というのが人間が自分自身に与えることのできる最大の祝福である。

でも、これはむずかしい課題である。

ふつうの人は「世界が私のような人間ばかりだったら」気が狂ってしまうからである。

他者のいない世界に人間は耐えられない。

だから、論理的に考えれば、「私のような人間ばかりでも平気な私」とは「一人の人間の中に多数の他者がごちゃごちゃと混在している人間」だということになる。

一人の人間のなかに老人も幼児も、お兄ちゃんもおばさんも、道学者も卑劣漢も、賢者も愚者も、ごちゃごちゃ併存している人間にとってのみ、「自分みたいな人間ばかりでも世界はけっこうにぎやかで風通しがいい」と観じられる。

倫理的とはそういうことだと私は思う。

つねに遵法的で、つねに政治的に正しく、つねに自己を犠牲にして他人のために尽くし、つねににこやかにほほえんでいる人間たちのことを「倫理的」だと思っている人がいるが、それは違う。

だって、そんな人で世界が充満していたら私たちはたちまち気が狂ってしまうからだ（少なくとも、私は狂う）。

だから、「そんな人間」は「倫理的」ではない。

「倫理」というのは、字義通りには「集団を成り立たせる理法」のことである。

他人を踏みつけにして自己利益を追求するだけの人間が「倫理的でない」と言われるのは、そんな人間ばかりで形成された集団は短期的に崩壊してしまうからである。

逆に、おのれの信じる正義に照らして「あれをするな、これをしろ」とうるさく言い立てるだけの人間も、倫理的でない点においては、選ぶところがない。そういう人間たちだけで構成された社会集団もやはり短期間に崩壊してしまうからである。

だから、甲野先生の成績を自己申告でつけるときには「ええええ、どうしたらいいんだろう」と迷ってしまうというのがたぶん適切なふるまい方なのだと思う。

自己評価よりちょっと高めに点をつければあとで「自分は狭い人間なのでは」とくよくよすることになる。自己評価よりちょっと低めに点をつければ、「自分は過剰に謙遜するイヤミな人間なのでは」とこれまたいじけることになる。

ではどうすればいいのか。

別にむずかしいことではない。

甲野先生の自己申告制では、成績表に点数を書き込むのは自分だけれど、他人に評価を求めることは禁じていないからである。

自分の点数を知りたければ、あたりを見渡して、「人を見る眼」がありそうな人を探せばいい。そして、その人に「私は何点くらいかな」と訊けばいい。あなたに「人を見る眼」があれば、その問いにきちんと適切な解答をしてくれる人を過たず探し当てることができるはずである。

正確な自己評価などというものはこの世に原理的に存在しない。にもかかわらず「正確な自己評価が出来ている人」が存在するように見えるのは、その人が「自分についての適切な外部評価を下してくれそうな人」を言い当てる能力を持っているからである。

おべんちゃらを言うタイコモチやイエスマンに取り囲まれている人間が「正確な自己評価を下している」とは誰も思わない。逆に、何を言っても「アホかお前は」と言って頭をはたくような人とつるんでいる人間もやはり「正確な自己評価」とは無縁である。

人間は自分のことは適切には評価できない。でも、「私のことを適切に評価してくれる人」を探し当てることはできる。

自己評価とはその能力のことを言うのである。

そのことを知っただけでもこの授業に出た甲斐はあると思う。

それくらいむずかしい課題を甲野先生は出しているのである。

（二〇一〇年二月）

野蛮人のように（甲野善紀先生との共著『身体を通して時代を読む』文庫版、解説）

文庫化に際して「ひとこと」書き足すように文春の編集者から依頼がありましたので、とりあえず、「ひとこと」だけ。

甲野先生と名越康文先生と茂木健一郎さんと僕の四人、それと担当編集者二人が、養老孟司先生主宰の忘年会にお招きいただいたことがあります。養老先生が「ふぐ」をごちそうしてくれた、たいへん楽しい宴会で、僕はすっかり良い気分になって盃を重ねていたのですが、ちょっと気になって、養老先生に向かってこう訊ねました。

「先生、今日の人選はどういう基準によるものなんですか？」

養老先生は破顔一笑して、「野蛮人て、ことだろ」とお答えになりました。

なるほど。

養老先生がおっしゃった「野蛮人」というのは、先生のこれまでの書きものから推察するに、「脳ではなくて、身体で考える人間」ということになるかと思います。別の言い方をすれば「入力」ではなく「出力」を軸に世界を分節するタイプの人間ということです。

文明人はじっとしていてもどんどん情報が入力されてくる。でも、野蛮人はそうではありません。情報入力はわずかしかない。けれども、そのわずかな入力に基づいて、世界の成り立ち方と人間のあり方について必要な情報を引き出さなければならない。その場合、人間は出力を軸に生きることになります。

単に「指先に何かが触った」という場合と、「指先で何か
を探っていたら何かが触

った」という場合では、情報量がぜんぜん違う。

軍事では「武力斥候」というものがあります。ただ偵察するのではなく、小規模の火器を携行して、とりあえず敵陣らしきところがあったら適当に砲弾を撃ち込んでみる。敵がいれば当然撃ち返してきます。その反応を見て敵の布陣や火力を判定する。もちろん隠密裏に偵察するよりリスクは高い。けれども、収集できる情報量はずいぶん多い。

「出力を軸に世界を分節する」というのはそういう態度のことではないかと思います。「藪《やぶ》をつついて蛇を出す」とか「虎の尾を踏む」という言い方がありますけれど、これは情報論的な語法に言いかえれば、「わずかな入力で、大きな出力を引き出す」ということです。

養老先生が「野蛮人」と呼んだのは、「世界の法則性をもっと深く理解したいので、とりあえずそのへんをつついたり、踏んだりする」タイプの人間たちのことでしょう。

さきほど「文明人はじっとしていても情報がどんどん入力されてくる」と書きましたけれど、これはむしろ書き方が逆で、「じっとしていても情報がどんどん入力されてくると信じている人間」のことを文明人と呼ぶと定義した方がいいのかも知れません。

「野蛮人」たちはこの「高度情報社会」とか言われている世の中には、情報が言われるほどに潤沢であるというふうには考えていない。むしろ、ほんとうに必要な情報は不足していると考えている。「じっとしていては世界について何もわからない」と思っている。だから、とりあえず行動する。そういうことの順序ではないかと思います。

その席に連なった「野蛮人」たちが（欠席された池田清彦先生を含めて）私以外全員「理系」だったことからも、この態度が（文明的ではないにしても）実は「自然科学的」なものであることが知られるかと思います。

自然科学は観想的な態度からは始まりません。まず何かをつついたり、ひっぱったり、踏んだり、揺らしたりして、その反応から世界の成り立ちについての仮説を引き出す。

自然科学上の決定的な発見の多くが精度の高い計測機械の発明によってなされたことに異論のある方はいないと思いますけれど、これは言い方を換えれば、「それまでは技術的に計測できなかった反応が計測できるようになった」ということです。要するに、「つついたり、踏んだり」してから、何が出てくるかをできるだけ細密に見るというのが自然科学者の一貫した態度だということです。

そのときに「それまで誰もつついたり、踏んだりしなかったもの」をつついたり、踏んだりすることを企てた人、そしてそこからの出力を、先人ができなかったほどに細密に計測し得た人たちが自然科学史のフロントランナーとなってきた。そういうことだと思います。

ただ、古諺が「蛇」や「虎」という比喩を用いていることから知れるように、しばしば、「つついたり、踏んだり」したせいで出てくるものは侵襲的で、私たちの理解を超えており、私たちの統御を受け付けない。そのような怪物的なものから身をかわし、統御し、その法則性を理解するためには、「つついたり、踏んだりした」当人が変わらなければならない。自分が成長し、自分の能力を高めなければ、自分が引き起こした事態をハンドルできない。そのようないささか手荒なかたちで自己陶冶機会を求めるのがおそらくは野蛮人の骨法なのでありましょう（自然科学者の場合は、「仮説」の書き換えで済みますけれど）。

私はかつてこのような趨向性を「虎の尾アフォーダンス」と呼んだことがあります。

アフォーダンスというのは、ある種の行動を誘発する手がかりのことです。ドアノブは「回してひっぱる」行為をアフォードし、腰の高さの平たい台は「腰掛ける」行為をアフォードする。それと同じように、ある種の人々にとっては、「藪」がつつく行為をアフォードし、「虎の尾」が踏むことをアフォードする。

甲野先生は間違いなく「虎の尾アフォーダンス」の人だと私は思っております。本書でも、甲野先生はさまざまな「虎の尾」を踏んでおりますけれど、それは決して誤解されるような挑発的な意図のものではなく、純粋に自然科学的な実験精神の発露なのだと私は思います。

現に、甲野先生はこの本の後に、名越先生との対談本を出されましたが、そのタイトルはなんと『薄氷の踏み方』なんです。「薄氷」を見るとつい「踏みたくなる」ような人だけが、薄氷の物理学的組成や、力学的構造や、その上での適切なふるまい方について科学的に語ることができる。そういうものだと思います。

甲野先生には、二〇〇七年から三年間、神戸女学院大学の特別客員教授としてご出講願いました。女子大で古武術の技法を教えることには深い教育的意義があるということは直感的にはわかっておりましたけれど、どういうふうに言語化すればよいのかは、よくわかりませんでした。でも、今はわかります。私は甲野先生に「真に科学的なものの考え方」を学生たちに教えて欲しかったので、招聘したのでした。

その節はほんとうにお世話になりました。この場を借りて（ほんとうは勝手に借りちゃいけないんですけれど）、三年間のご尽力に対してお礼を申し上げます。ありがとうございました。

（二〇一〇年七月）

強く念じたことは実現する

早起きして、何通か手紙を書き、メールに返信し、締切をすぎた原稿を必死で書き、朝ごはんをかき込んで、銀行へ。

土地の登記をするのである。

そう、私はついに道場用地を買ってしまったのである。

JR住吉の駅の北側、八十五坪。

「私が買った」というより、「内田家のみなさま」のご支援により「たなぼた」的に手に入ったという方が正しいのであるが、それも私が常日頃から「道場が欲しいなあ」と神経症的につぶやいていたのを、母や兄が憐れに思って、「そこまで言うなら、望みをかなえてやろう」ということになったのである。

お母さん、お兄さん、ありがとう。

道場の本体の方は私の責任で建てなければならないのであるが、土地購入に貯金のほとんどをはたいてしまったので、これからまたこつこつ貯めないといけない。

でも、多田塾甲南合気会の会員たちは、餌を待つひな鳥のように口を開いて「どーじょーどーじょー」とさえずっているので、できるだけ早く建物も手配したい。というわけで銀行で登記のついでに「道場建設費貸してください」と支店長に頼み込む。以前にヒラマ支店長に「二億円貸して」といったときは呵々大笑《かかたいしょう》されて相手にしてもらえなかったけど、こんどはなんとかなりそうである。

それにしても、道場がほんとうにできるとは夢のようである。

何度も書いたことだが、多田先生から「強く念じたことは実現する」と教えていただいたことがある。現に先生はそうやって月窓寺道場を作られた。私も師の言葉を忘れず、「道場を建てるぞ。道場を建てるぞ」と強く念じていたら、いつのまにか夢が実現しそうになってきた。

言葉の現実変成力を若い人は侮りがちであるが、言葉ほど恐ろしいものはない。「どうせオレなんか……」というような自虐の言葉はまっすぐにその人を「どうせ」的状況に繋縛してしまうのである。自分の状況を否定的に記述することは「自分に呪いをかける」ことである。自分にかけた呪いを祓《はら》うことはむずかしい。

多田先生がおっしゃった「強く念じる」には「悪いこと」ももちろん含まれる。「悪いこと」を強く念じても、それは高い確率で実現する（現に、私は「悪いこと」を強く念じて実現させたことが何度かある）。

「悪いこと」を実現するのは、「よいこと」を実現させるよりはるかに容易である、と多田先生はおっしゃっていた。

力の弱い人間が手軽な全能感や達成感を求めると、必ず破壊をめざすようになる。破壊は建設よりずっと容易だからである。

「よいこと」を強く念じるというのは、言うほど簡単なことではないのである。

（二〇一〇年三月）

結婚と合気道

多田塾甲南合気会の高取くんと金子さんの結婚式に須磨離宮まで出かける。ご招待の栄を賜ったのは井上くん、谷口さん、東沢くんと男子ばかり。ひごろ高取くんにしても、うちの女性陣にはずいぶんお世話になっているのであるが、こういう席に新郎側友人として女性を呼ぶ場合は人選に際してかなりデリケートな問題が発生するので自制されたのであろう。

賢明なことである。

チャペルで結婚式。

新郎、すっかり緊張している。緊張しすぎたためか、事前の牧師さんによるレクチャーを聞き流していたせいか、「ちょっと、それは……」的ミスが何度か挙式中に散見されたが、新婦は堂々として、新郎のうろたえぶりを優しく見守り、胆力の違いをお示しになった。

披露宴もまたたいへん気持ちのこもった、手作り感のあるもので、列席した人たちにこの二人がいかに愛されているのかが知られるのであった。

思えば、〇八年の「煤払い」の打ち上げ宴会の席で、彼のラブライフについて縷々《るる》泣き言を聞いたあとに、私が酔余の勢いで「すぐにプロポーズしなさい。して、断られたら諦めなさい。しなかったら、破門」と厳命したことが今日の華燭《かしょく》の典に結実したのかと思うと、うたた感慨に堪えないのである。

スピーチを依頼されたので、「合気道家は入れ歯が合う」という話をする。これは多田先生に本部での研修会のときに伺ったお話である。前にブログでも書いたことがある。

合気道家は義歯が「一発で合う」。合わない人は何度作り直しても合わない。

それは別に口蓋の解剖学的形状の問題ではない。

武人というのは「ありもので間に合わせる」ことを本務とする。常在戦場のマインドとは、「ありもの」を使い回して、機に臨んで変に応じることである。だから武人は「口に合う入れ歯はどこに行けば手にはいるか」よりも、「入れ歯に合うように口蓋を柔軟に機能させることはできないか」を先に考える。

この武人的マインドには高い汎用性があると私は考えている。

配偶者というのは「入れ歯」のようなものである。

それは「私」という自然に闖入《ちんにゅう》してくる「異物」である。

本質的に「合わない」のである。

このときに「合う配偶者を求める」ことよりも、「配偶者に合わせる」ことにリソースを優先的に備給できるのが武人である。

すぐれた武人には愛妻家（というより恐妻家）が多いのは、その消息を伝えていると私は考えている。

さらに合気道修業に邁進されたい。ピース。

美味しいご飯とお酒をいただき、お二人の気持ちのこもったスピーチを聴いて、心が暖かくなる。

お二人のご多幸を祈ります。

飲み足りないので、春宵を四人でふらふらと月見山まで歩き、三宮に出る。三宮で飲んでいるという谷尾さん、岩本くんと合流して、Re-setで二次会。それから一時まで熱く合気道について語る。

多田塾甲南合気会も会員七十名という大組織になってきた。遠からず百名を超える。そうなると、これからはさまざまな「組織問題」というものが発生してくる。来年、道場が建つと、その管理にともなうリアルな実務も発生する。それをどうマネージするか。

これを「頭の痛い問題」と考える人もいるであろうが、私はこういう問題に取り組むことも「道場で稽古する」ということの重要な一部だと思っている。

組織がややこしいありようになるのは、私にとってはむしろ「歓迎すべき事態」である。というのは、「組織をマネージし、集団的パフォーマンスを向上させる能力」こそは武道が涵養しようとしている「武人」的能力の本質だからである。

武道修業は単に個人の身体能力を高めることのみを目的とするのではない。高い個人的能力に基づいて、「万有共生」のための、風通しの良い、のびやかな組織体を形成することもまた武道修業のたいせつな実践的目的であると私は思っている。

資本主義市場経済と消費文化の中で解体した中間共同体の再構築は私たちの喫緊の

市民的課題であり、多田塾甲南合気会はそのための拠点の一つであると私は考えている。道場がその語の厳密な意味における共同体であるためには、そこでは「多様性と秩序」が同時に達成されなければならない。

多様性と秩序は矛盾するわけではない。

多様でなければ、システムは生成的なものにならないが、秩序が保たれなければ多様なもののうち「弱い個体」は適切に保護されない。

自由で開放的でありながら、隅々まで配慮と支援のネットワークが行き届いた共同体とはどういうものか。そもそもそのような共同体は現代日本に存立しうるのか。

それを多田塾甲南合気会の組織的実践を通じて検証してゆくことがこれからの私たちの武道的課題なのである。

（二〇一〇年三月）

「なんとなく」の効用

合気道のお稽古に行ったら、入会希望者が七人来ていた。そのほかに見学者が二人。

このペースで入会していただくと、遠からず道場は「いかなごの釘煮」状態になってしまうであろう。四月というのは新しいことを始めたくなる季節であるので、毎年四月第一週の入門者というのは多いのであるが、それにしても……。

私の本を読んで来ました、という人はそれほど多くない。ほとんどのかたは「なんとなく」ネットで調べているうちに、家の近所にある道場とか、時間の合う道場を見つけて来られたのである。

だが、不思議なもので、確率的に言うと、はっきりしたモチベーションを持って入門した人と、「なんとなく」入門した人では、「なんとなく」の方が長続きするのである。

落語の『あくび指南』にもあるとおり、「友だちに連れれて来られた人」の方が「引っ張ってきた当人」よりも本格的になってしまうというのは「ありがち」なことである。

よくタレントのデビュー秘話として、「私に黙って友だち（あるいは姉）がオーディションに私の写真と履歴書を送ってしまい……」というのがある。

みなさんは読んで「嘘つきやがれ」と思っておられるかもしれない。たしかに、事務所が「訊かれたら、そういうふうに答えておけ」と指示している可能性もあるが、私は半分がとこは真実だろうと思っている。

というのは、本人の意志ではなく、誰かにひっぱられて、なんとなく役者になったとか、なんとなく歌手になったという人の方が芸事は「続く」からである。だって、どうして「こんなこと」をしているのか、本人にもよくわからないからである。

「どうしてこんなことをしているのか、本人にもよくわからないこと」なんか、人間はすぐに止めてしまうとみなさんは思うかも知れないが、そうではない。逆なのである。

理由のよくわからないことを自分がしているときに、人間は「どうしてこんなことをしているのか」を知ろうとする。

知るためにいちばん簡単な方法は続けることである。ずっとやって、いろいろな経験をしているうちに「あ、これがやりたくて、やっていたのか」という理由を発見できるのじゃないかなと期待するからである。

役者やミュージシャンをやっている若者がなかなか止められないのは、別に華やかな芸能生活へのあこがれや未練があるからではない。そうではなくて、「どうして自分が芝居や音楽にかかわることになったのか、その理由が本人にもよくわからない」からである。わかるまでは止められない。気持ちが片づかないから。

人間とはそういうものである。

だから、なにか芸事を始める前には、なるべく「明確な理由づけ」をしない方がいいと私は思っている。「なんとなく」始める方がいい。できれば、まわりから「やめろやめろ」と言われたことや、本人も「これは向いてないよな」と思うことをやるのがいい。

ほんとに、そうなのである。

私が六十年生きてきて、とりあえず「飯のタネ」になったものは、どれもまわりからは「やめとけよ、向いてないから」と言われたものである。フランス文学も、合気道も、ミッションスクールの教師も。

やめとけよ、向いてないから、というご指摘はほんとうにそのとおりなのである。でも、それだけ言われたにもかかわらず「なんとなく、やりたいなあ」という片づかない気持ちが残って、とりあえず、ちょっとだけやってみよう……と自分に言い聞かせて続けているうち、気がついたら、それが生業《なりわい》になっていたのである。

そういうものである。

どうしてそのことを始めたのか、自分でもうまく説明できないものについては、なんとか自分で理由を見つけ出そうとする。自分がやったことについては必ず事後的に合理化を企てるという人性の自然なのである。
だから、逆に、お稽古を一回休むと、ずるずる休み続けて、結局止めてしまう。そ
れは「休んだ自分」を正当化するからである。「私にはこれがどうも合っていないよ
うである」「ウチダって、言うこところころ変わるし」「半年も経つのにまだオレの名
前覚えてないし（怒）」「道場くそ暑いし」「痛いし」「ぜんたい身体に悪いと思うね、
合気道は、うん」ということになっておやめになるのである。これは「休んだ自分」
を正当化させるために事後的に呼び出された「あとづけ」の理由なのであるが、本人
はそれで納得してしまう。
「継続は力」というのは、だからほんとうなのである。継続すると何か「いいこと」
があるのではない。そうではなくて、「継続している自分」を正当化するために、私
たちは「いいこと」を創作（悪く言えば捏造《ねつぞう》）するので、続けているうちに、気がつ
くと「いいことずくめ」になってしまうのである。
だから、（何でもいいから新しいことを始めたくて）四月の第一週に、友だちに連れて
こられて、「なんとなく始めた」諸君の武道家としての未来はバラ色である。
諸君の健闘を祈る。
追伸　あ、言い忘れましたけど、「結婚」もそうですよ。

（二〇一〇年四月）

自由が丘道場の師と先輩

合気道自由が丘道場創立四十五周年記念の稽古会、祝賀会に上京。ドクター佐藤、飯田先生ご夫妻とセトッチとウッキーと新幹線で東京へ。現地でかなぴょんが合流して、甲南合気会からは六名の参加。

三十一年前の冬のある日、ふと思い立って自由が丘道場の扉を叩き、多田先生に出会ったことによって以後の私の人生は一変した。今日の私があるのは多田先生のおかげです、と祝辞を述べた諸先輩が次々と口にされたが、これは修辞ではなく、私たち全員の実感である。

一九七五年二十五歳の私は将来自分が道場で武道を教え、武道の術理と哲学の綜合をライフワークにする大学教師になるなどと想像だにしていなかった。

「師」とは絶対的他者であり、「弟子」は師の他者性に基づいて、おのれを囚えている知的閉域から解き放たれるということを私は多田先生に仕えて学んだ。その後にエマニュエル・レヴィナス老師という、もうひとりの師に出会うことができたのも、私が多田先生によって「師弟関係」の本然のあり方というものについて学び始めていたからである。

一九八〇年から九〇年まで、日本中がバブル景気で浮かれていた十年間、私は世間とは無縁なところで、昼間はレヴィナスの著作を訳し、夕方からは自由が丘道場に通うという判で押したような生活をほとんど聖務日課のように律儀に守って暮らしていた。今から思うと、（まわりから見たら、およそ曲のない）その十年間は私にとっては「至福の修業時代」だったのである。

九〇年に関西に移り、大学で教える傍《かたわ》ら、自分の道場を持ち、自分の弟子を育てるようになった。そして、多田先生の謦咳《けいがい》に日常的に接することのできたそれまでの十五年間がどれほど豊かな時間だったかを改めて思い知らされたのである。

爾来《じらい》十六年、関西で過ごした時間は自由が丘道場在籍期間をもう超えてしまった。昨日の稽古会、祝賀会でくるくると働いている自由が丘の門人諸君のほとんどは私が関西に去ったあとに入門された、私が道場で直接稽古をしたことのない方々である。彼らから見ると、私は「大昔にスピンオフしたよその先生」というふうに見えているかもしれないけれど、私自身はいまでも自分を自由が丘道場の門人の一人だと思っている。

九〇年の三月に門人たちが、当時道場があった若草幼稚園で私の送別会を開いてくれたことがあった。多田先生も来てくださったその送別会で、私は同門のみなさんから過分のお言葉と贈り物をいただいた。

宴の最後に謝辞として、私はこう申し上げた。

「私はどこに行ってもずっと自由が丘道場の内田です。生涯ここの門人です」

それからもう一つ約束した。

「あと三年待っていてください。神戸女学院の女子学生たちを引き連れて日本武道館に戻ってきます」

二つめの約束は二年後に実現した。最初の約束は今も変わらない。

昨日の祝賀会には道場の大先輩がたもたくさん顔を見せていた。

亀井格一師範、山田博信師範、窪田育弘師範、そして初心のときからご指導いただいた笹本猛、岡田康太郎、小野寺親、百瀬和輝……の諸先輩の懐かしい顔にご挨拶をする。お祝いに来てくれた雑賀さんはじめ工藤くん、のぶちゃん、ツッチーら東京大学合気道気錬会の諸君とも久闊《きゅうかつ》を叙す。一メートル歩くごとに知り合いにぶつかる（当たり前だけど）。長く一緒に稽古してきた大田正史さんが全体の責任者としてこの大きなイベントを仕上げてくれた。私と同期で「永遠のコンビ」である小堀秋さんが最後に万感のこもる謝辞を述べた。聴いているうちにちょっと目頭が熱くなった。

司会の今井良晴くんは私が自由が丘を去る直前に入門され、送別会の日にギターを弾いて座を盛り上げてくれた若者であるが、もう立派なおじさんになっていた。もうひとりの司会のゆかちゃんは私の記憶の中ではちびちゃん中学生だったけれど、彼女ももう立派な大人の女の人になっていた。

二〇一一年の創立五十周年の祝賀会にもまたみなさんと再会できるように祈念する。

お帰りになる多田先生をお見送りする。

先生の乗り込まれたタクシーが発車したので、踵《きびす》を返そうとしたら、いつのまにか私の横に立っていた亀井先輩から「見送るというのは、見えなくなるまで見送るということだ」と一喝された。

あ、また亀井先輩に叱られちゃった。

思わず振り返って「ありがとうございます」と最敬礼する。

会えば必ず叱ってくれる先輩がいるというのがどれほど稀有なことか、この年になるとしみじみ身にしみる。

自由が丘の諸君の打ち上げにお招きいただき、小堀さん、大田さん、荒井さんたちのご苦労をねぎらって、西田くん、今井くんはじめ後輩諸君と歓談。

「内田くん、いっしょに帰ろう」という亀井先輩と連れだって渋谷までご一緒する。車中寸暇を惜しんで後輩に修業の心得を説いてくれる亀井先輩に心の中で手を合わせる。

（二〇〇六年一一月）

師恩に報いるに愚問を以てす

静かな一日。

朝起きてメールをチェックすると、多田先生からメールが来ていた。

前日、今度の広島での講習会に杖・剣を持参すべきかどうか、学生たちから問い合わせが続いたので、それを確認するために先生にメールを差し上げたのである。

「メールで失礼いたします。

今週末の広島講習会ですが、杖剣は持参したほうがよろしいでしょうか？

これまでの広島講習会は体術だけでしたが、何人かの部員から問い合わせがあり、『要らない』と断言するのもはばかられて、お訊ねする次第です。お忙しい中、お手数ですが、『持参せよ』か『持参せずともよろしい』かだけお知らせ頂ければ幸いです」

という私のメールに多田先生は次のようなご返事を下さった。

「内田樹様

広島で杖、木刀の稽古を行った事は、旧広大の道場で一回だけあります。

今回は私も杖木刀を持ってゆこうと思っております。

『持参せよ』

多田宏」

私はこのメールを読みながら、足が震えた。

多田先生が広島での講習会を始められたのは先生が二十代の頃からのことと伺っている。ということは、ほぼ半世紀のあいだに先生が広島で杖・剣を使った稽古をされたのは一度だけということである。私が広島の講習会に参加するようになってからも多田先生が稽古で杖剣を使われたことは一度もない。

帰納法的な思考をする人であれば、ここは「確率的には『使わない』ので、持参するには及ぶまい」というふうに「合理的に」推論するだろう。現に私もそのような

「合理的思考」にいつのまにかなじんでいた。

多田先生は私にそのような「帰納法的推理」は「武道的思考」とは準位が異なるということをきびしく示唆してくださった。

私はそう解釈している。だから、足が震えたのである。

私は土曜の合気道の稽古には使っても使わなくても基本的につねに杖剣を携行することにしている（木曜の大学での稽古は道場の天井が低いので杖剣を振ると私程度の術技では誤って蛍光灯をたたき割る可能性があり、そのときの「掃除の手間」と「学生が負傷するリスク」を考えて使用を自制している。恥ずかしい話だが）。

土曜の稽古に杖剣を持って行かなかったことも実は何度かある。一度だけ、術理の説明のときに剣を振ろうとして剣を持ってこなかったことに気づいた。そのときに、真剣勝負の場に「剣を忘れました」というエクスキューズは通らないだろうなと思った。

それからは携行することを忘れない。

多田先生はよく「道場は楽屋、実生活は本舞台」という喩《たと》えを語られる。

「楽屋」にあったものが「舞台」にはない、ということはしばしばあるだろう。だが、

「楽屋」には用意していなかったものが、さいわい「舞台」にはあった、ということは確率的にはほとんどありえない。「楽屋」や「袖」には「舞台」で使わないかもしれないけれど、不意に必要になるかもしれないものを備えておくのが演劇者の基本的な心得だろう。

私は先のメールで「楽屋」に「持って行かなくてもいいもの」がありますか、と先生にお訊ねしたことになる。多田先生は「『必要になる可能性のあるもの』は、それがどれほど低い確率であれ、『楽屋』には置いておくのが武道家のたしなみである」と諭《さと》された。

私が「どうせ使わないんだから、杖や剣を抱えて行くのは、めんどくさいなあ」という程度の日常的な判断から黙って手ぶらで稽古に行っても先生はおそらく咎められなかっただろうと思う。

咎める要もないからだ。

しかし、「必要ですか?」という問いには、先生は「『必要になるかもしれないもの』をそうであるとわかった上で持参しないということは武道家にはありえない」という平明な真理を以て答えて下さった。

「持参せよ」という「文脈上不要な」一文は私の気の緩みに対する叱正の一語である。

内田くんは何のために武道の稽古をしてきたのか？　それは「舞台」で遭遇しうるあらゆる可能性に対して処しうるような汎用性の高い心身統御の技法を学ぶためではなかったのか？　そのための実験実習の場である「楽屋」に進んで汎用性を減じるような条件を付して入ることを是とする武道家がいるだろうか？

そう改めて先生に訊かれたような気がして私は粛然と襟を正したのである。

多田先生がしてくださったお話の中にはいくつも印象深いものがある。

その中のひとつは、古武道大会の「控え室」での逸話である。

ある武術の演武者が隣席の見知らぬ演武者に「あなたの流派では、手をつかまれたときに、どのように応じるのですか？」と訊ねた。訊かれた演武者はにこやかに片手を差し出して、「では、この手をつかんでごらんなさい」と言った。問いを発した演武者は、その差し出された手の小指をつかんでぽきりと折った。

話はそれでおしまいである。

多田先生はこれについてただ一言「これは折られた方が悪い」とおっしゃった。

私はこの挿話の教訓についてずいぶん長い間考えた。そして、私が暫定的に得た教訓は、「楽屋」を「武道的な原理が支配しない、常識的＝日常的な空間」であると思いなす人間は武道家としての心得が足りないということであった。

「楽屋」はある意味で「舞台」以上にタイトな空間である。道場で十分な気配りができない人間、道場に入るときになしうる限りの備えを怠る人間は、「本舞台」においても使いものにならない。

そのことは「理屈」ではわかっていた。だから、その逸話をいくつかの書物で引用しておきながら、私は先生がおっしゃったことの意味を実践的には少しもわかってはいなかったのである。

そのような自明のことを三十年来門下にある知命を半ば過ぎた弟子にまた繰り返し告げなければならない師の胸中を察して、私は足が震えたのである。知命を過ぎてなお叱正して下さる師がいるという身に余る幸運に足が震えたのである。

（二〇〇五年五月）

無敵の探求

『合気道探求』誌から、いくばくかの紙数を割くから書き物を送るようにというご依頼があったので、合気道について思いつくことをしばらく書かせて頂くことにする。

一九七五年に多田宏先生の門人の末席に加えて頂いてから指折り数えるともう三十

四年になる。馬齢を重ね、気がつけばすでに還暦間近であるけれど、俚諺《りげん》にあるとおり、まことに「日暮れて道遠し」である。

植芝盛平先生は「懸命に修業を行い、色々な所を掻き分けて出て行ったら、川があり流れてきた板に摑まって、対岸に渡り悦の境地に達した時に、後ろをひょいと見たら弟子が誰も付いて来てなかった」夢を見たことがあるそうである。その話を多田先生から何度もうかがった。おそらくは多田先生ご自身も「後ろをひょいと見たら弟子が誰も付いて来てなかった」という大先生の述懐が身にしみたからこそ、ついその逸話を思い出されるのであろう。その夢の話をうかがうたびに、師に対する申し訳なさで身の縮む思いがするのである。

そんな「師匠の後に付いて行けない」弟子の分際で、このような本筋の刊行物に合気道について知ったようなことを書くことは本来許されないことなのであるが、合気道修業者の全員が専門家であるわけでもなく、また全員が名人達人であるわけでもない。だとすれば、私のような凡庸な合気道家がこれまでどのような修業を行ってきて、その試行錯誤を通じて、どのような知見を獲得してきたのか、それを報告することも、それなりの有用性を持つのではないかと思う。専門家には専門家のための修業方法があるように、非専門家には非専門家なりの合気道の稽古方法がある。私はそう考えている。そうでなければ、私たち非専門家の合気道家の「立つ瀬」がない。というのが、私の本稿における基本的立場である。

「道場は楽屋であり、道場の外が舞台である」という言葉を多田先生はよく口にされる。

道場は「楽屋」である。楽屋はいわば自然科学における「実験室」である。実験というのは失敗がつきものである。それで構わない。仮説を立てる。実験をする。仮説に合わない反証事例が提出される。仮説をよりカバリッジの広いものに書き換える。自然科学も、社会科学も、そのループを繰り返して進歩してきた。人間の生きる知恵と力とを深める仕方もそれと本質的には変わらないと私は思う。

「舞台」とは「真剣勝負の場」のことである。

戦国の世であれば、「真剣勝負の場」とは文字通り白刃を交え、矢玉が飛び交う戦場のことであったろう。けれども、現代における「真剣勝負の場」はそういうものではない。私が日々生業を立てている「現場」がそれに当たる。そこで失敗すれば、立場を失い、信用を失い、声望や威信を失い、財貨を失い、場合によっては路頭に迷い、命をすり減らすこともある場のことを「真剣勝負の場」というのなら、間違いなく「たずきの道」こそは、私たち非専門家にとっての「真剣勝負の場」である。そこで私たちが身に備わった生きる知恵と力とを開花させるために役立たないのであれば、それは言葉の厳密な意味における「武術」とは言えまい。

私は大学の教員であり、物書きであり、（ときどき）企業経営者でもある。それらが私の「現場」であり、「舞台」である。とすれば、その舞台で十分なパフォーマンスを果たし得ることをめざして道場での稽古はなされなければならない。

幸いなことに、舞台での失敗ですぐに命までとられるということは現代では起こらないので、私たちは舞台での成否を稽古にフィードバックすることが可能である。教育活動がうまくゆかない。書き物の筆が進まない。経営が思うに任せない。そういうときに私は「これは合気道の稽古の仕方が間違っていたからだ」と考えることにしている。

何が間違っていたのか。仮説が間違っていたのか。実験の手順を間違えたのか。測定器具に狂いがあったのか。稽古のときに、私はそれらのチェックポイントを点検することになる。だから私にとって、生業の場は、日ごろの稽古の成果を発揮する場であり、道場において何をどう稽古すべきかを思量する場でもある。

生業と稽古は表裏一体のものでなければならない。考えてみれば、これは武道修業の常識ではないか。

戦国時代には戦場での槍一本で武勲を立てれば「一国一城」の主となる道が開かれていた。けれども、その時代の武将のうちで歴史に名をとどめるほどに輝かしいプロモーションを遂げた人々は必ずしも刀槍の器用によってその地位を得たわけではない。

卓越した身体能力をもっているせいで、効率的かつ無慈悲に敵を殺傷することができる兵士は必ずしも統治者としても有能であるわけではない。むしろ、そのような兵士は政治などにかかわらせず、できるだけ最前線で殺傷事業に専念させるのが「適材適所」というものだろう。

戦場での武勲が統治者への王道であったということは、統治に要する能力と、戦場で生き延びる能力が本質的に同質のものであるということについての社会的合意が存在したということを意味する。それが単なる筋骨の強さや運動の速さや冷血のはずがない。

戦前戦中には、華族や陸海軍の将官たちが植芝先生の個人授業を受けるために道場に通った。そこで私たちが今しているような、投げたり極めたり固めたりという稽古をしていたとは思われない。襖を立てきった部屋で、大先生がそのような人たちを相手にどのような稽古をされていたのか、後世の私たちには知る由もないが、当時の日本の指導層にあった人々が、大先生に就いて学ぼうとしたのが、「集団を率いて大事業を効率よく履行する」ために要する能力以外のものであったとは考えにくい。

私たちは現に道場ではたしかに相手を投げたり極めたり固めたり切り落としたり打ち倒したりするための技法を稽古している。だが、そのこと自体が究極の目的であるはずがない。そのような格闘の技術にどれほど精通しても、二十一世紀の今日では、それを活用することで私たち自身が自己利益を確保し、公共の福利を増大するというような状況に遭遇することはまずありえないからである。

もし、合気道で学んだ格闘技を使用する機会にしばしば恵まれ、これまでに何人もの人を殺傷したことを誇らしげに言挙げするような合気道家がいたら、その人は修業の方向を誤っているということにはどなたも同意していただけるであろう。武術の稽古を通じて開発される能力のうちでもっとも有用なものは間違いなく「トラブルの可能性を事前に察知して危険を回避する」能力だからである。

連合艦隊司令長官東郷平八郎はあるとき前方に荷馬がいるのを見て、道の反対側にそれを避けたことがあった。見咎めた同輩が「いやしくも武人が馬を怖れて道を避けるとは何事か」と難詰した。東郷は涼しい顔で「万一馬が狂奔して怪我でもして、本務に障りがあれば、それこそ武人の本務にもとるでしょう」と答えたという。東郷を連合艦隊司令長官に推薦した海軍大臣山本権兵衛は「東郷は運のよい男でありますから」と奏上したと伝えられているが、この逸話は「運のよい男」というよりはむしろ「不運を事前に察知する能力の高い男」だったことを教えているように私には思われる。前方に見える馬のわずかにいらだった動きや体臭や脈拍の変化を感知できれば、回避行動を取ることはできる。薩英戦争以来の歴戦の戦士である東郷が生き残るために選択的に開発したのが「わずかな徴候から次に起こりそうなことを予見する能力」であったというのはありそうなことである。

武術の稽古を通じて私たちが開発しようとしている潜在能力がどういうものであるかは戦国時代でも、江戸時代でも、大筋では変わらないだろうと私は思っている。それはさしあたりは実践的な意味での生き延びる力である。

戦場では戦闘能力として示される能力が平時では例えば統治能力として顕現する。ということは戦闘能力と統治能力を共約する人間的能力が存在するということである。それは何か。

この問いはそのまま「武道修業を通じて私たちはどのような力を身につけようとしているのか?」という問いに通じている。

この問いに対しての私の答えは経験的には自明である。

生き延びるためにもっとも重要な能力は「集団をひとつにまとめる力」である。

臂力《ひりよく》にまさる個人があたりを威圧し、衆人を恐怖させ、屈服させても、集団を形成することは可能である。だが、それは一定の規模を超えることができない。恐怖や暴力によって、あるいは利益誘導によって統合された集団は、別種の恐怖や暴力や利益誘導によって簡単に瓦解《がかい》する。そのような脆《もろ》い集団は、百人、千人の兵士を文字通り「手足のように」動かすことのできる人が率いる集団、多数の人があたかもただひとつの巨大な身体を構成しているような集団には決して拮抗することができない。個人的な身体能力をどこまで高めても、どれほど筋骨を強くし、運動を迅速にしても、あるいはあらゆる反命を許容しないほどに無慈悲になっても、「多数の人間たちがそれぞれの主体的意思に基づいてふるまいながら、それがあたかも一個の身体の各部のように統一された動きをする集団」に敵し得る集団を作ることはできない。

複数の人間たちが完全な同化を達成した集団とはどのようなものであり、それはどのようにして構築されるのか。私は真に武道的な技術的課題はそのように定式化できるだろうと思っている。

それは端的に言えば、「他者と共生する技術」、「他者と同化する技術」である。私は合気道とはその技術を専一的に錬磨するための訓練の体系ではないかと考えている。

合気道は「愛と和合の武道」と言われる。

初心の合気道家はこの「愛と和合」を漠然とした精神的・道徳的な目標のようなものだと思っているかも知れない。だが、これはきわめて精緻に構成された技術の体系である。多田先生から繰り返しそう教わってきたし、私自身の経験もそれを裏付けている。

（二〇〇九年五月）

「うまく歩けない」ことについて（安田登『疲れない体をつくる「和」の身体作法』解説）

解説を書くために安田さんの本を読んでいたら、ふと村上春樹のエッセイのことを思い出した。そのことから書くことにする。

村上春樹はエッセイの中で、イタリアの山村で経験した不思議なエピソードを紹介している。村上さんは現地の友人ウビさんに連れられて、ローマ郊外にあるウビさんの出身地メータ村というところにゆくことになった。ハイウェイを降りて、しばらくゆくと山の中に小さな町が見える。これがめざすメータ村かと思って、そう訊ねると……以下、二人の問答をそのまま再録する。

「ノオ、あれはペスキエラという小さな村。メータの人はあそこを中国（キノ）と呼んでいる。文明が発達してなくて、変な歩き方をするからだ」

「文明？　歩き方？」と僕はびっくりして聞き返す。

「そう。ペスキエラにくらべたらメータなんかビッグ・シティーだ。歩き方のことだけどね、本当に歩き方が違うんだよ。だから、世界中どこにいてもペスキエラ出身の奴はすぐに見分けられる。歩き方を見ればすぐにわかる。こういうね、ちょこちょこした変な歩き方するんだ。脚が曲がってるんだよ」

「どうしてそんなに歩き方が違うの？　少ししか離れてないんでしょう？」

「うん、一キロも離れてない」と彼は言う。


（村上春樹『遠い太鼓』講談社、一九九〇年、二二八～二二九頁）

一キロどころか、メータ村と二〇〇メートルのところにあるサン・サヴィーノという村の人たちもメータ村民とは歩き方が違う。だから、「メータ村じゃみんなでサン・サヴィーノの連中の歩き方真似して笑うんだ。服も違うし、喋り方も違うし、考え方も世界観も全然違う」（二二九頁）。

私はこのエッセイを読んだときに、ふとブザンソンというフランスの小さな街のことを思い出した。十数年前、その街には何十人ものベトナム人留学生がいた。私は彼らの何人かと仲良くなり、よくいっしょに散歩し、カフェでおしゃべりをした。そのときにベトナム人は日本人と歩き方がぜんぜん違うのがおかしくて、「君たちは、こんなふうに歩くんだね」と「真似して笑」ったことがあった。中の一人、温厚な紳士のビンくんがやや憤然として、「そうやって歩くのがふつうでしょう。日本人は違うの？」と反問したので、その言葉にはっと胸を衝かれたことがある。

　そういうものなのだ。

　国が違えば歩き方が違う。二〇〇メートル離れた村落についてさえ、「歩き方が変」と言って、人々はそれを笑うことができるくらいなのだから。

　歩き方というのは、それくらいに不安定なものなのだ。

「これが人間として正しい歩き方です」という汎通的な標準も定型もない。それが「歩く」という行為なのだ。

「歩く」というのは、根源的・基礎的な身体運用である。身体技法のすべてはその上に築かれると言って過言ではない。にもかかわらず、その「歩く」について、万国共通の「正しい歩き方」がない。

　どういうことなのだろうと沈思しているうちに、「うまく歩けない」という身体条件に言及したクロード・レヴィ＝ストロースのオイディプス神話研究のことを思い出した。

オイディプス神話に出てくる王たちの名はどれも「うまく歩けない」という含意を有している。よく知られているように、オイディプスは「腫《は》れた踵《かかと》」を意味する（神話によれば、彼は捨てられた時に両踵を針で貫かれた）。父の名ライオスは「不器用」を意味し、祖父の名ラブダコスは「足を引きずる人」を意味する。その名前の選び方について、レヴィ＝ストロースはこう書いている。

神話学において、多くの場合、人間は大地から誕生したとき、出生の時点においては、まだうまく歩けないものとして、あるいは脚をもつれさせながら歩くものとして表象される。

(Claude Lévi-Strauss, *Anthropologie structurale*, Plon,1958, p.238)

うまく歩けないもの。それが世界の神話に共通する人間の条件なのである。

生まれたばかりの赤ちゃんが歩けないのは当たり前ではないかと言う人がいるかも知れない。だが、それは短見というものだ。赤ちゃんは生まれながら四足歩行の達人である。四足歩行している限り、人間は巧みに、器用に、そして同じように歩く。それがあるときに、あきらかに構造的に無理のある直立歩行を試みたせいで、人間たちは参照すべき身体運用の標準を持たない種になったのである。「うまく歩けない」というのは「その人は人間である」ということとほとんど同義なのである。

もちろん、みんなそれぞれに固有のローカルなしかたではうまく歩いている（「うまく歩けない人間」に一〇〇メートルを九秒台で走ったり、四二キロを二時間で走ったりすることができるはずがない）。けれども、「これが正しい歩き方だ」という万人共通の基準だけが存在しない。

そのことを「人間はうまく歩けない」という命題は告げているのである。

オイディプスは別に歩くことに器質的な障害を持っていたわけではなかったと思う。彼はおそらく彼なりにうまく歩いていた。だが、テーバイの人々はそれを見て「変な歩き方」だと思い、それを「真似て、笑」って、「腫れた踵」と呼んだのである。

長い「マクラ」で、安田さんの本の解説に割く紙数を使いすぎてしまったが、この解説は読者に読んでもらうためというよりは、著者である安田登さんご自身に「ねえ、安田さん、このアイディア、どう思います？」と私が訊きたくて書いているので、その点はご容赦を願いたい。

この本は、お読みになればわかるとおり、「どうして日本の子どもたちはうまく走れなくなったのか?」という問いから始まる。この問いは「どうしてうまく歩けなくなったのか?」という問いと本質的には同一のものだ。だとすれば、この問いの答えは、神話学的には自明である。それは「子どもたちは人間だからだ」ということである。

彼らはある世界を生きており、安田さんは別の世界に生きており、私もまたいずれとも別の世界に生きている。それぞれは「服も違うし、喋り方も違うし、考え方も世界観も全然違う」。それでも、みな人間である。というより、それだから、みな人間である。

自分とは違う歩き方を許容すること、それが人間の人間性の基礎部分をかたちづくる。そういうことではないかと私は思う。

安田さんは「子どもたちはどうしてこんな歩き方をするのか?」を問う。そのときの安田さんの構えは文化人類学のフィールドワーカーとほとんど変わらないように見える。

別に安田さんは彼らを矯正したいわけではない。この本での安田さんの構えは、決して現代の子どもたちは「間違った身体の使い方」をしているから、「正しい使い方」を教えねばならないという教化的・矯正的な意図に基づくものではない。ただ、深層筋や呼吸法によって、(人々がそのようなものが存在することさえ知らない筋肉や関節の使い方を教えることを通じて)「土着の歩き方」とは違う歩き方にも人間は開かれているという、人間の可能性を提示したいのだと思う。

「未知のもの」、「遠方のもの」に対する「開かれ」が安田さんの思想と技法のもっともきわだった特徴である。私にはそのように見える。現に、安田さんは能楽という、すでに日用のものとしては廃絶された中世の身体技法を復元するという仕事を本業とされているし、かつて大学では甲骨文字研究を専攻し、今は古典ギリシャ語を独学されている。安田さんはつねに「死語的なもの」に惹きつけられるようである。

今ではそれを「おのれに固有のもの、母語的なもの」として生きる人が絶えた言語や身体作法に安田さんはつよい偏愛を示す。もしどこかで古代の文書が発見され、そこに「もう地上では誰もそのように歩く人がいなくなった歩き方」についての言及があったら、安田さんは必ずやその歩き方を復元しようと夢中になるだろう。もう存在しない人々の思考や情感やなにより身体感覚と共感し同期することにこれほど情熱を傾ける人を私は、同時代に、安田登さんの他に知らない。

（二〇一〇年八月）

身体の文学史（養老孟司『身体の文学史』解説――『波』二〇一〇年三月号）

以前、養老孟司先生から「内田さんは身体を使って考える人だね」と言われたことがある。

ご指摘の通り、私は脳の働きをあまり信用していない。

それは人間の脳が思いつく「正しいこと」や「意味のあること」の中には、しばしば「生身の身体を以ては実現不可能」なものが大量に含まれているからである。「世界同時革命」とか「ユダヤ人問題の最終的解決」といったプロジェクトはおそらく脳内的には整合的なものとして考想されたのだろうが、身体はその負荷に能く耐えることができない。

身体は弱く有限である。それが身体の取り柄でもある。手足も眼も耳もワンセットしかないし、骨も関節も細胞の数も有限である。切れば血が出るし、叩けば折れる。必ずいずれ病み、壊死し、腐ってゆく。私たちはそのような「ありもの」を使い回してしか生きられない。「手元の有限の資源をどう使い回すか」というのが身体的な問題の立て方である。

脳は人間的尺度を超えた荒誕《こうたん》な想念をいくらでも生み出すことができるが、脳が身体の一部である以上、それらの活動はほんらい身体固有の規矩に従うべきなのである。身体的自然を主とし、脳的人工を従とするマインドセットのことを養老先生は『身体主義』――そんなものがあるとしたらの話だが」（四七頁）と呼ぶ。そして、日本の文化史を身体主義の没落と心理主義の勃興という大きな流れにおいてとらえようとする。

中世までの日本人は病み、傷つき、破壊されるおのれの生身という自然の切迫のうちで生きていた。だが、近世になって身体は組織的に社会から排除される。「なぜなら、身体とは人が持つ自然性であり、自然性の許容は、乱世を導くと考えられたからである」（四四頁）。

脳化傾向すなわち文明は必ず自然を馴致《じゅんち》し、統制し、排除しようとする。江戸期に達成された「無身体」の直接的延長上に近代日本は成立し、近代日本文学もその無身体性を刻印される。

江戸にはまだ多少の自然が残っていた。「たえず災害が起こり、当時の技術は、それを統御するすべを持たなかった。そこではいわば、やむをえず、人々は実証的であるほかはなかったのである」(三四頁)。

「実証的」というのはさきほどの言い方を使えば「やりくり」ということである。しかし、明治・大正のテクノロジーは自然を都市の外へ放逐することに成功した。身体を排除した後、都市住民たちにはもう関心事としては「自分のこころ」だけしか残されていない。それゆえ、作家たちは自分のこころをモニタリングするようになったのである。彼らはもっぱら自身の感情の起伏を、愛憎を、嫉妬や劣情を自然科学者のようにクールに観察し、記述することに精魂を傾けた。

養老先生はこれを「心理主義」と呼ぶ。「要するにすべてを心理に還元し、解釈してしまおうというやり方である」(四四頁)。

広義の心理主義は漱石に始まり、自然主義私小説から社会主義リアリズムに至る、およそ「心を主とし、身体を従とする」すべての文学に伏流している。ついには政治イデオロギーの衣装さえまとった。軍事とはほんらい「腹が減ってはいくさができぬ」という身体的合理性とクールな算盤勘定の上に成立するものだが、わが戦争指導部は最終的には「心理」(大和魂)という武器だけで戦えると思い込むところまで心理主義的に狂っていたからである。

そのような大づかみなスキームで養老先生は芥川龍之介、志賀直哉、徳田秋声から大岡昇平に至る近代文学史を、身体をとらえそこない続けてきた不可避の失敗の歴史として考察する。文学が身体をとらえ損なうのは、それが「暗黙の枠組み」、すなわち養老先生の術語で言う「世間」（あるいは「バカの壁」）の問題だからである。「その枠組みのなかにすっぽり入れられてしまった相手には、もはやそれは説明のしようがない」（一三八頁）。

養老先生はたまたま「世間の圧力」が希薄な時代、軍国主義が終焉し、それに代わるイデオロギーがまだ登場する前のイデオロギー的な「空隙」期に少年時代を送った。だから、養老先生の眼には文学者たちが嵌《はま》り込んでいる臆断の檻《おり》が見える。でも、「身体が前景化しない」という条件は作家たちにとっては「空気みたいな」初期設定であるから、彼らにはやっぱり見えないのである。

『身体の文学史』で養老先生は三島由紀夫の自殺で筆を擱《お》いているが、それからあとの四半世紀の現代文学史についても養老先生の知見は引き続き妥当するだろうと私は思う。有限のものとしてのおのれの身体に対する（敬意を含んだ）対話的関係を文学的実作の「枠組み」に流用しえた例外的な、少数の作家を除いて。

（二〇一〇年一月）

第三章　武道の心・技・体

妄想の効用

河合塾の島原先生からメールを頂いた。

日曜の講演で、どうすれば知のパフォーマンスが向上するのでしょうか、という予備校生からの切実な質問に苦し紛れに「妄想しなさい」とお答えしたのであるが、これが塾生たちにはたいへん好評だったらしく、塾内では「妄想ごっこ」が流行の兆しだそうである。

つねづね申し上げていることだが、妄想はたいせつである。強く念じたことは実現する。

「それ、ほんとうですか？」と疑念をもつかたもおられるやもしれぬ。

ご安心ください。

これはほんとうである。

多田先生がそうおっしゃったのであるから、間違いない。

多田先生がそうおっしゃったのは、中村天風先生がそうおっしゃったのを聞いて、「天風先生がそうおっしゃるなら、間違いない」と思われたからである。天風先生がそうおっしゃったのは、頭山満翁かカリアッパ師からそう聞いて「この人が言うなら間違いないだろう」と思われたからである。

「……先生がそうおっしゃったのだから間違いであるはずがない」という「宣告」だけが示され、その「基礎づけ」はいつまでも示されない。

これが真理の本質的な開示のされかたである。

別に私がそう言っているのではない。ジャック・ラカンがそう言っているのである。

> おのれを権威とするあらゆる宣告は、その宣告以外にいかなる基礎づけも持たない。他のシニフィアンにおのれの基礎づけを求めても空しいことだ。シニフィアンはそのようにして基礎づけられた場所以外のどこにも出現しないからだ。

（…）『他者』の『他者』は存在しない。立法者（律法を制定したと主張する人間）が自分を何かの代理人であると自称したら、そいつは詐欺師である。しかし、律法そのものは詐欺ではない。（Jacques Lacan, *Écrits I*, Seuil, 1966, p.174）

「私は立法者である」と宣言する者がおのれの身元保証を別の誰かに求めたなら、その「身元保証人」こそが本来の「立法者」であることになるから、彼は地位を詐称していることになる。それゆえ、立法者の立てる律法の正当性の保証は、それが「律法として立てられた」という事実以外のどこにも求めてはならない。しかし、そのことは律法の正当性をいささかも損なわない。

そうラカンは言う。

ラカンがそう言うんだから間違いない。

という構造になっているのである。

真理というのはあらかじめ存在するのではなく、構築するものだからである。

おわかりかな。

強く念じたことは実現する。これはほんとうである。

問題は「強く」という副詞にある。

「強く念じる」というと、多くの人は『HEROES』のヒロ・ナカムラくんのように眉間に皺を寄せてしかめっ面をするようなふるまいを想像するかもしれない。

それは違う。

「強く念じる」というのは「細部にわたって想像する」ということである。細部にまでわたって想像するためには「具体的なもの」を描き出せなければならない。

数値や形容詞によって妄想することはできない。

「年収二千万円で、家賃三十万円のマンションに暮らして、一本二万円の高級なワインを二百ミリリットル飲んでいる未来の私」というようなものは想像できない。

想像できるのは、家具の手触りであり、空気の匂いであり、グラスの舌触りであり、そこに注いだ嚥下《えんげ》するときの内臓の愉悦である。それは数字や形容詞では描くことができない。

この想像には終わりがない。その部屋の書棚にどんな本やCDが配架されており、クローゼットにはどんな洋服があり、食器はどんなものが揃い、ベランダの植物はどんな育ち具合であるか、というようなことを想像し始めると終わりがない。ましてや、妻とか子とかいうものがそこに出てきて、会話なんかが始まったら、もうたいへんである。想像には節度がないので、私たちは実に多くのことを想像してしまうからである。

きれいな女の子（恋人なのね）の哀しげな横顔であるとか、かすれた声でつぶやく言葉の切れ端であるとか、頬に触れる髪の毛の感触とか、そういうことを具体的に想像しはじめると切りがない、ということはおわかりいただけるであろうが、そういう「想像のストック」はたちまち膨大な量になる。そして、ある日、「それと同じこと」がわが身に起きたときに私たちは「宿命の手に捉えられた」ことを確信するのである。だって、想像した通りのことが起きたんだから。これが宿命でなくて何であろう。

以前にも書いたことだが、「私の夫になる人はトイレの置き本に『断腸亭日乗』と『若草物語』を並べておくような人」などということをうっかり妄想してしまった少女が、その十年後に、たまさか訪れた男友だちの家のトイレにその二冊が並んでいたのを見たりすると、「ああ、私が待っていたのはこの人だったのだ」という確信を得ることは避けがたいのである。

そのようにして、少年少女のときに具体的に細部にわたって妄想したことは高い確率で実現することになる。

ことの順逆を間違えてはいけない。

想像したことが実現するのではない。想像していたからこそ、実現したことがわかるのである。

真理というのはあらかじめ存在するのではなく、構築するものなのである。

宿命もそうである。

それは自由に空想する人の身にのみ到来するのである。

そして、人間がその心身のパフォーマンスを最大化するのは、「私はいま宿命が導いた、いるべき場所、いるべき時に、いるべき人とともにいる」という確信に領されたときなのである。

（二〇〇八年七月）

多田先生の通り道

夕方から、大阪市内でヨーガの成瀬雅春さんと二度目の対談。お会いするのは二度目なので、だいたいおたがいの「打ち筋」がわかっている。とんとんと話が進んで、最後は物理学と時間論の話。

成瀬さんにいちばん身体にいいのは「歩くこと」だと教わる。

べつに足腰の筋骨を鍛えることが身体によいのではない（「鍛える」ということはだ

いたい身体によくない）。

歩いているといろいろなことが起こる。それを予期して、最適動線を、そのつどの最適な身体運用で動くためには心身の総合的な能力が必要である。五感プラス第六感を総動員して空間移動するということ「そのもの」が身体によいのだそうである。だからジムでルームランナーで走ったり、サーキットをくるくる走ることにはあまり（ほとんど）意味がない。

ほとんど同じことを多田先生からもうかがったことがある。

吉祥寺の駅前を月窓寺まで「人にぶつからないように歩く」というだけでずいぶんいい稽古になるそうである。たしかに、多田先生の歩かれているのを後ろから見ていると「先生の通り道」だけが一本まっすぐ通っているように見える。

私たちは身体機能をもっぱら空間的な表象形式で把握しているけれど、ほんとうの身体能力というのは「ある時間上の点」から「次の時間上の点」まで移動するときに、どれだけ「細かく」その時間を割れるかということにかかっている。

比喩的に言えば、運動生理学的な身体能力は「輪切りにされたハムの断面」を見て計測され、ほんとうの身体能力は「ハムをどれだけ薄く輪切りにできるか」によって決まる。いくらハムの断面を凝視しても、ハムの薄さはわからない。

そういうものである。

私は人の多いところを歩くことをあまり好まない。微細なシグナルにいちいち反応していると「うるさい」のである。だから車で通勤している。家の前で車に乗って、オフィスに着くまでドアを開けない。これだと「うるさいシグナル」に反応せずに済む。私のことを「横着な野郎だ」と思っている方が多いが（そのご判断は間違いではないが）、実はそういう切ない理由があるのである。

というわけで、子どもの頃から職住近接主義で、一時間以上かけて通勤通学したことがない（自由が丘から本郷三丁目に通っていたときがもっとも長い通学距離であった。だからほとんど大学に行かなかった）。

高校を中退したいちばん大きな理由も、今ここにカミングアウトするが、実は五十分かけて高校まで通うのにうんざりしていたからである。高校生活そのものはとっても愉しかったのである。だから、もし一九六七年に内田家が青山とか麴町にあったら、たぶん私は高校をちゃんと卒業していたはずである。

私が「ビバじぶんち」というのは、別にふざけているわけではなく、そういうフィジカルな理由によるのである。

私が大学を辞めたら「道場」を「じぶんち」に併設したいと望んでいるのは、それだともう一生涯どこに出かける必要もなくなるからである。

（二〇〇八年一〇月）

「年の取り方について」

寅年生まれなので、今年還暦を迎える。

自分が還暦を迎えることになるなんて、若いときは想像したこともなかった。『2001年宇宙の旅』というキューブリックの映画が公開されたのは一九六八年のことで、そのときに十八歳だった私にとって「2001年」というのは「遠い未来」どころか「到来しないであろう未来」だった。

私は「2001年といったら、オレ五十歳じゃん」と言ってげらげら笑っていたが、それは五十歳になった自分がまったく想像できなかったからである。平均余命と社会情勢について冷静に判断すれば、自分が三十二年後には高い確率で五十歳になることは十八歳の頭でもわかったはずである。それができなかったのは「老人になった自分を想像する」という能力がどうやら私たちの社会では組織的に破壊されていたからである。

戦前までは、「若いくせに老人のふりをする」という風儀はいわば文人のマナーであった。子どもでも早熟なものは雅号というものをひねった。

夏目金之助が漱石という号を選んだのは二十歳の頃のことだが、それは「石に枕し、流れに漱《くちすす》ぐ」という古詩を「流れに枕し、石に漱ぐ」と言い間違ったのだが、誤りを認めず「石で歯を磨いてどこが悪い（ホワイトニング効果があるぞ）」と居直った唐土の古人の風貌に通じるものをおのれのうちに見たからである。そして、実際に、その後夏目金之助は若い日に選択された「漱石」という号にふさわしい人物になった。吉田兼好はその『徒然草』を二十代から書き出したので、私たちが今読んでいるものには青年の衒気《げんき》と老爺《ろうや》の枯淡が混じり合っている。だが、私たちが一読してこれを見分けることはきわめて困難である。

ここから私たちが知ることができるのは、「若いときから、老人になった自分を想像的に先取りしておくほうがいい」ということが久しく本邦の常識だったということである。

その常識は一九六〇年代頃にきれいに消え去っていた。当時ひろく人口に膾炙《かいしゃ》した言い回しに「Don't trust over thirty」というものがあった。「三十過ぎの人間を信用するな」。自己形成の「ロール・モデル」なんかわれわれは持たないぞ、われわれは成熟なんかしないぞと主張していたのである。

「成熟しないぞ」と言えたのは、「今の自分がベスト」だと思っていたからである。

だから、「老人になった自分」について想像する気になれなかったのも当然である。

というのは、それはことの筋目からして、「今の自分がそのまま三十二年分老化しただけ」以外のものではありえないからである。中身は今のままで、皺が増え、眼がしょぼつき、腹が出て、毛が抜けただけのものが「自分の老後」である。そうなってみせなくては、「成熟しない」と宣言したことの落とし前がつかない。

やがて祝祭の日が終わり、ヒップな若者たちも散文的現実に「召還」される日がやってきた。長い髪の毛を切り、ジーンズをスーツに着替え、自由を捨てて「灰色のサラリーマン生活」に踏み入ったとき、青年たちはこの心理的難局を乗り切るために、「一気に老人になってみせる」という大技を繰り出してみせたのである。

成熟を拒否するということは、「年を取るということは、それによって賢くなることでも、度量が深まることでも、想像力が豊かになることでもなく、単に心身の機能が劣化することだ」という加齢観に同意することである。私たちはその同意条項の履行を迫られたのである。しかたなく、私たちは「若者」を止めなければならないときが来たときに、「賢くもないし、度量も狭いし、想像力も貧しく、ただ心身の機能が劣化しただけの人間」としての「年長者」を演じて見せたのである。

「年寄りなんか信じるな」という幼い私たちの政治的言明の「正しさ」は、実際に自分が年寄りになったときに、「若者たちに決して信頼されないような人間」になることによってしか証明されない。私たちは自分のなした誓言に呪縛されたのであった。

「ありがち」なことである。

例えば、「金持ちたちは貧者の膏血《こうけつ》を絞って快楽を享受している」というようなことをつねづね口にしていた貧しい若者は、そのあと何かのはずみで巨富を積み上げたときに、それを決して貧しい若者たちに分かち与えようなどとは考えない吝嗇《りんしょく》で残酷な金持ちになる。必ず、なる。というのも、「金持ちは不当に収奪している」という彼自身のかつての言明の真正性を証明するためには、自分が金持ちになったときにはためらわず「貧者の膏血を絞る」以外に手だてがないからである。

私たちがしたのも構造的にはそれと同じことである。ふつうに生きていれば高い確率で「三十歳」を迎える以上、「三十歳以上を信じるな」というようなことは軽々に口にすべきではなかった。でも、その禁句を私たちの世代の人間はうっかりと口走り、そして、自分自身を「呪い」にかけてしまったのである。

「ウチダ、なに青いこと言ってんだよ」「世の中、きれいごとだけじゃ渡れねえんだよ」というような罵倒をその頃私は同年配の「年寄り」ぶった若者たちからずいぶんたくさん浴びせかけられた。二十歳をいくつも超えてない青年が、ネクタイを弛め、居酒屋の脂じみたカウンターに肘を突き、白目を酔いで濁らせて、そういうことを言うのである。まことに真に迫っていて、私は正直「怖い」と思った。

そのような「老人ぶり」を巧妙に演技していた若者たちは、そのあと予定通りに、かつて彼らが選んだペルソナと同じ顔に自己造型を遂げ、多くは「外殻は老人だが頭の中身は子どものまま」という奇妙な生き物になった。

若者はそのつど、それと気づかずに、自分の老人状態を先取りする。若いときに「老人というのは、これこれこういうものである」という断定をなすと、その言葉はそれから後の彼の人生を深く、決定的に呪縛することになる。だから、迂闊《うかつ》なことは口にするものではないと思う。いずれにしても、手際よく早死にする以外に老人になることからは逃れられないのであるから、せめて「実際にそうなってしまったときに困らないように」、若いときには老人の条件をゆるやかに設定しておくことをお勧めしておきたいと思う。

若いうちから老人になった自分を想像的に先取りする際に、守るべきことが二つある。

一つは、自分の「これだけは一生治らないだろうなあ」と思える、際立って個性的な資質に焦点化すること。そうすれば（漱石のように）少年のときに選んだ号を一生使えるという実利的な点もあるが、何よりもそれは若いときにクールで緻密な自己観察を要求する。老人になるころには、考え方も体つきも、今とまったく変わってしまっているだろうが、それでも「ここ」だけは決して変わっていないだろうという点が必ずある。それがいわゆる「アイデンティティ」なるものの礎石になる。

ブルース・ウィリスが不死身の刑事ジョン・マクレーンを演じた『ダイ・ハード』で、テロリストに人質になったジョンの妻がヒステリックに酒瓶を叩き割るテロリストの一人を見て「よかった。ジョンはまだ生きている」とつぶやく場面がある。隣にいた女性が、「どうしてわかるの？」と訊くと、彼女は「あんなふうに人を怒らせることができるの、ジョンの他にいないもの」と答える。

佳話である。

個性というのはそういうものでなければならない。

もう一つは、老人となった自分のありようについて、あまり具体的に細部にわたって想像しないこと。職業とか、年収とか、家族の有無とかはあいまいにしておいた方がいい。

かつての青年たちは「ナントカ庵」とか「ナントカ堂」とか「ナントカ斎」とかいうような隠居所めいた号を選好したが、想像の射程をとりあえず「老人になったときに自分が住んでいたい場所」くらいのところで止めていたのはまことに賢明であったと思う。

最近「老い方」についての本をよく見かけるが、「若い人のための老い方」のガイドブックだけはついぞ見かけない。今一番必要なのはそのような種類の知見だと思うが、企画する出版社はなさそうである。

（二〇一〇年一月）

老いの手柄

年を取ってみないとわからないことがある。それは「年を取っただけでは人間は成長しない」ということである。

もちろん、それは「年をとっても人間は変わらない」という意味ではない。人間は変わる。どんどん変わる。体型も変わるし、毛も抜けるし、腹も出るし、歯も抜ける。記憶力が悪くなり、眼が見えなくなり、色気も食い気もだんだん衰えてくる。でも、それは「成長する」ということではない。ただの加齢である。加齢と成熟はまるで別物である。加齢を成熟に読み替えるためには、こちらの働きかけが必要である。

ただの加齢と成熟を隔てるものがある。

別にむずかしいことではない。自分自身の経てきたすべての時間を深いリアリティをこめて記憶しておくということである。

私にも乳児だった時代があり、小学生だった時代があり、中学生だった時代があり（以下略）、五十八年にわたって五十八年分の年齢を経験してきたことだけは間違いない。そして、その歳月のうちの、ランドマークを画するような経験があり、それらについては、身体実感やそのとき脳内をかけめぐっていた妄想や焦慮や不安込みで記憶している。

私はいまもありありと五歳の保育園児のときに「はじめての反抗心」が芽生えた瞬間を思い出すことができる。十六歳のとき、高校の校舎の窓から飛び出して、グラウンドを走って、バスケットゴールに向かってジャンプしたときの、「伸び切ること」を求めた筋肉の疼きを思い出すことができる。四十一歳の夏に地中海の海沿いの道で、私の方をふりかえって笑って手を振ったるんちゃんの黄金色の肌と産毛の輝きを思い出すことができる。その他いろいろ。それらの経験はどれもそのリアルタイムの「生々しさ」込みで私の中に冷凍保存されており、私はそれらを随時「解凍」して、「再生」することができる。

年を取っていちばんうれしく思うのは、このストックが年ごとに増えて、しだいに「記憶のアーカイブ」の品ぞろえが整ってきたことである。それは言い換えれば、私の中に「複数の私」がいるということだからである。

「六歳の私」や「十六歳の私」と私はいまでもときどき対話をすることがある。いや、「対話」などと格好つけるのは止めよう。ときどき「六歳の私」や「十六歳の私」が五十八歳の男の皮膚を突き破って、現実の中に不意に露出することがあるという方が正確である。今でも、激しい怒りにとらわれたとき、私は少年のときのように荒れ狂うことがある。救いは、それが私の「全部」ではないということである。子どもじみた怒りにとらわれている私がおり、それを呆れたように見ている私がおり、抑えにかかる私がおり、「まあまあいいじゃないか」と孫の悪戯を笑って見つめているような私がいる。それらは年齢差を伴ったそれぞれ違う私である。同じ人間なのだけれど違う人間である。それが私の中に混在し、共存している。ある種の多重人格である。

多重人格という病がある。あれは、もしかすると発達段階のそれぞれの時点で優勢だった性格特性が人格化したものではないかと思うことがある。それらのペルソナは「同じ人間なのだが、違う人間である」という仕方で愉快に共存することができず、一度に一人だけ、そのときの外的状況にいちばん適応しやすい人格特性が単離して出現してくる。そういうことではないのだろうか。

私の場合もたしかに同一人物中に「複数の私」がいるのだが、さいわい彼らは相互に排除し合うことなく、にぎやかに共生している。

だから、「五十八歳の私」と「十六歳の私」とがペアを組むと、「情理を尽くして、断定的な言い方をする」というようなことができる。

年を取るということはこの「人格アーカイブ」のコレクションがだんだん増えてゆくことだと私は理解している。組み合わせの種類が増えれば、対応できる状況も多様化する。共感できる帯域も、同調できる周波数も広がる。使いわけることのできる声色の数も、処理できる問題の種類も増える。年を取るということの積極的な意味はそこにあると私は思っている。

私の合気道の師匠である多田宏先生は今年八十歳を迎えられる。その多田先生は今でも先生が二十歳のとき、合気道開祖植芝盛平先生の受けを取ったときの体感をありありと思い浮かべることができるそうである。

先生の家のあった自由が丘の家を出て、電車に乗って新宿へ出て、そこから抜弁天《ぬけべんてん》の本部道場まで歩き、着替え、植芝先生を道場に迎え、その差し出す手に吸い寄せられるようにして宙に舞ったときの全身の感覚をすべて昨日のことのように思い出すことができるそうである。そのときの道端の風景も、空気の匂いも、道場の畳を踏みしめる素足の感覚も、六十年前のその数時間のできごとを一〇〇パーセントの精度で再生できる。そういう記憶を「春夏秋冬と四通り揃えてある」と多田先生は笑っておっしゃった。いつでも、そこに帰ることができる。そういう体感に裏付けられた記憶を「還るべき原点」として持つことの大切さを私は多田先生から繰り返し教えられた。

そこに立ち帰ることができる記憶の中のランドマークを私もまたいくつか持っている。何かに思い迷い、判断をためらうときに、私はそれらの記憶のランドマークのどれかを訪れ、「過去の私」と向き合うことにしている。「十六歳の私」には向き合うべき過去の私がほとんどいなかった。いてもあまり相談相手にはなりそうもなかった。五十八歳の私には、向き合うことのできる過去の私の品ぞろえがずいぶん増えた。その中にはなかなか気の利いたアドバイスをしてくれる「私」もいる。老いの手柄とはこのことかと思う。

（二〇〇九年七月）

ヴォーリズ建築における学びの環境

すでにあちこちで書いていることなので、繰り返すのは気が引けるのだが、たいせつなことなので、やはり書きとめておくことにする。それは本学のヴォーリズ建築は建築物そのものが学びの比喩になっているということである。

外形的にも本学の校舎は美しく、十分に審美的価値があると私は思うけれど、美はたぶんに主観的なものであり、これに一片の価値も見出さない人ももちろんいる。私は現にそのような人たちに会ったことがある。

もう覚えている方は少ないだろうけれど、震災よりだいぶ前に、某シンクタンクに本学の財政再建策の起案を依頼したことがあった。その年、私は組合の執行委員長であったので、従業員の立場から調査員たちのヒアリングを受けた。ヒアリングそのものはごく形式的なものであったが、そのときに調査員が「地価の高いうちに岡田山キャンパスを売り払って三田あたりに移転すればいいのに」と漏らした言葉に仰天したことを覚えている。どうしてこんな素晴らしいキャンパスを売り払わなければならないのか、その意味がわからなかった。理由を質《ただ》したところ、「だって、こんな築六十年の建物なんて、なんの価値もないでしょう。修繕に金がかかるだけで、こんなものを残しておくのはお金をドブに棄てるようなものですよ」という答えを得た。

このキャンパスの価値を、彼らは地価と管理経費によってのみ数値的に考量しており、それ以外にはものの価値を量るものさしを持っていなかったようである。あるいは彼らの方が「ふつう」で、びっくりした私の方が異常なのかも知れない。現に、滋賀の豊郷小学校は一九九九年に当時の町長が老朽化と耐震性を理由に解体しようとしたし、東洋英和の校舎も同じような理由で取り壊された。

校舎の価値はそれが「校舎として」どう機能しているかを基準に考量されるべきであって、それが立っている地面の市場価格や修繕費用の多寡とは本質的にはかかわりがないと私は考えているが、それは必ずしも私たちの社会の常識ではないらしい（だが、少なくとも、耐震性について言えば、震災のときに一九七〇年代に建てられた建築物は醜くひしゃげたが、ヴォーリズの建てた校舎はびくともしなかったことを強調しておかなければならない）。

ビジネスマインデッドな人々にはこの学舎の価値は見えにくい。けれども、それはこの建物を生活の場として、そこで研究と教育の日々を送っているとゆっくりと身にしみてくる。

私がこの学舎に隠された巧妙な「仕掛け」に気づいたのは、着任して五年後に経験した震災の後の復旧工事のときのことである。

それまで私は図書館本館に研究室を与えられていたが、そこと文学館のいくつかの教室しか知らず、理学館にも総務館にもほとんど足を踏み入れたことがなかった。復旧作業に従事していた私たちは、作業の必要上、ヴォーリズ設計の建物を一部屋一部屋踏破することになった。そして、廊下から見ただけではわからないほどにこの建築物が巧妙なつくりになっていることを教えられた。

理学館に「隠し三階」があり、さらに六甲を望むすばらしい眺望の「隠し屋上」があることを知ったのはこのときである。この屋上は文学館からも中庭からも見えない。一見左右対称に見える文学館と理学館のあいだにこのような仕掛けがあることに気づかないまま卒業していった学生は数えきれないだろう。

図書館本館の三階には「ギャラリー」がある。学生たちが静かに仮眠をとることのできるこの特権的スペースに眠りを妨げるものが乱入しないように、この場所を愛用する学生たちはその存在についての言及を控えている。

総務館の二階の理事室の後ろに「隠しトイレ」があることを知ったのはほんの数年前のことである。そのトイレは藤棚横の銀杏を正面に見る北向きの窓が開いており、私の知る限り、このキャンパス内でもっとも眺望のよいトイレであった。

もうおわかりいただけたと思うが、ヴォーリズ建築の「仕掛け」の原理は「扉を開けなければ、扉の向こうに何があるかはわからない」ということである。

私はこれを「学びの比喩」と呼んだのである。

教育を功利的な語法で語る人は、教育の価値はそれが子どもたちにどのような利益をもたらすかによって考量されると信じている。だから、換金性の高い知識や技術を目の前に差し出せば、子どもたちは争ってそれを学ぶと考えている。けれども、教育の唯一の動機づけは経済合理性であるというこの貧しい人間観が採用されて以来、日本の子どもたちの学力は底なしに低下し続けているのである。それはこの人間観が学びのほんとうのダイナミックな構造をとらえ損ねているからである。

私たち自身が経験的に知っているように、学びへの意欲がもっとも亢進するのは、「これから学ぶことの意味や価値がよくわからない」のだが、「それにもかかわらずはげしくそれに惹きつけられる」状況においてである。

ヴォーリズの「仕掛け」は「その扉を自分の手で押してみないと、その先の風景はわからない」という原理に貫かれている。

だから、あちこちに意味の知れないへこみがあり、隠し階段があり、隠し扉がある。一階と二階では間取りが違う。一階ではこの場所に「これ」があったから二階にも同じものがあるだろうという類推はヴォーリズの建物では効かない。扉の前に扉の向こうに何があるか、自分が進む廊下の先に何があるのか、それを学生たちは事前には開示されていない。自分の判断で、自分の手でドアノブを押し回したものだけに扉の向こうに踏み込む権利が生じる。どの扉の前に立つべきなのか。それについての一覧的な情報は開示されない。それは自分で選ばなければならない。

「学びの比喩」というのはそのような意味を指している。

ヴォーリズ建築がそのようにメタフォリカルなものであることを学び知るまでに私は二十年近い歳月を要した。「そこに生きる人々に人間的成熟を要求する建物」というものが存在しうるということを知るまでに、私にはそれだけの時間が必要だったのである。

（二〇一〇年二月）

存在しないものとのコミュニケーション

中国では古代から君子の学ぶべき学問として「礼楽射御書数」の六芸を挙げている。礼とは「鬼神を祀《まつ》ること」、平たく言えば葬式の作法である。楽は音楽の演奏と鑑賞。射は弓、御は馬術。書数が「読み書き算盤」である。これを「ものを学ぶときの順序」と定めた古人の洞察はまことに深いと言わねばならない。

現在、私たちの学校教育では六芸のうち最初の四芸のうちでは、かろうじて「楽」だけが残っているが、「礼、射、御」はもう教育カリキュラムには含まれていない。学校だけでなく、家庭でも、地域でも、職場でも、それらを学ぶことの重要性について語る人ももうほとんどいなくなった。

ことに、葬儀の重要性を軽んじる傾向が顕著のような気がする。「子どもを法事に連れて行かない」と公言している父母に最近よく出会う。葬儀など虚礼であるから、世間のつきあいでやむなく参列するが、子どもは葬儀にも位牌にも墓地にも近づけたくないと言う。自分たちもいずれ死ねば厭でも墓には入るが、子どもたちには墓に参ることは無用だと教えている、と。

そういう考え方を「合理的」だと思っている人々が増えてきた。いずれそれがマジョリティになるのかもしれない。けれども、喪の儀礼を忘れたら、それはもう人間の社会ではないということは覚えておいたほうがいい。というのは、霊長類の中で葬儀を行うのは人類だけだからである。チンパンジーも道具を使い、記号を用い、共同体を作る。彼我《ひが》の境界線は極言すれば「礼」を行うか否かにかかっている。人間の人間性を形成する最初の、決定的な一歩は「礼」なのである。

人間以外の霊長類ももちろん同類が死ぬことは知っている。けれども、死者を「祀《まつ》る」ことはしない。チンパンジーの母は子猿が死んでもしばらくは抱き続け、授乳を試みる。そのうち子猿の死体が腐敗し、損壊すると、母猿はそれを地面に捨てる。死んだ猿はある段階までは「生きているもの」とみなされ、ある段階で枯れ葉や枯れ木と同じような無生物に分類される。その「中間」はない。礼とはこの「中間」を意識することである。

「もう生きていない」が「まだ死にきっていない」ものについての「第三のカテゴリー」を作り出すことがなければ「祀る」という行為は始まらない。生物と無生物の間の「第三のカテゴリー」、それが「死者」である。

死者はもうそこにはいない。私たちは死者の声を聞くことができない。けれども死者の声の「残響」はまだ空中にとどまっている。だから、私たちは死者に向かって訊ねることができる。「あなたはこのことについてどう思いますか?」「あなただったら、こういうときにどうふるまいますか?」「私のこのふるまいは適切だったとあなたは思いますか?」

もちろん、訊ねても答えは返ってこない。けれども「死者に向かって訊ねる」というのは答えを得る以上に重要なふるまいなのである。

　というのは、死者に向けて問うというのは、自分自身の「今・ここ」を離れて、「死者の眼」から私自身をみつめることだからである。そのとき私たちが問いを向ける「死者」は、現世の利害得失を離れ、欲望や羨望や怨恨や嫉妬など、ものごとの判断を曇らせるさまざまの人間的感情から自由になったと想定された視点である。

　私たちが死者に問いをむける度に、私たちはこの「曇りなき視点」から想像的に自分自身を振り返ることを要請される。死者とはそのようにして想像的に設定された「私自身のふるまいの適切さを鳥瞰的に吟味する視座」のことである。

「礼」とは何よりもまずこの視座を持つことであり、葬儀にかかわる煩瑣《はんさ》なプロトコルを習得することではない。そうではなくて、もうそこには存在しない人に向かってなお語りかけ、その（決して届いてはこない）声にそれでもなお身をよじるようにして耳を傾けることである。そのようにしてはじめて私たちは私たち自身を閉じ込めている欲望や偏見や臆断の檻の隙間をくぐり抜け、私自身を振り返れるところまで自分から離れることができる。

　ヘーゲルは『精神現象学』で、自己意識とは「自分の外に出ていきつつ自分のもとにとどまる」という分裂の効果だとしている。

> 外に出ていきながら自分をふりかえるという動きこそが（…）真理なのだ。
> （G・W・F・ヘーゲル、『精神現象学』、長谷川宏訳、作品社、一九九八年、一一頁）
>
> 絶対的に自分の外へ出ていきながら純粋に自己を認識するという、このエーテル（活動の場）そのものが、学びのおおもとであり、知の一般型である。（一六頁）

ヘーゲルは「鬼神を祀る儀礼」を「学びのおおもと」に据えた『周礼』や『論語』の智者とそれほど違うことを言っていると私は思う。

音楽もまた「存在しないもの」とのコミュニケーションという意味では礼に通じている。

音楽は演奏も鑑賞も、「もう聞こえない音」がまだ聞こえ、「まだ聞こえない音」がもう聞こえるという、感官の触手を過去未来に引き延ばすことによってしか成立しない。メロディーもリズムもどちらも時間の中でしか意味を持たないからである。考えてみれば自明のことだが、音楽におけるすべての美的価値は先行する音と後続する音との関係の中でしか存立しえない。だから、「今・ここにある単独の楽音」という言い方はすでにして自家撞着《どうちゃく》を来しているのである。音楽が成立するためには、すでに過ぎ去り、いまだ来たらぬ「存在しないもの」との結びつきを保持していなければならない。もし、「今・ここに存在するもの」しか経験しないというモナド（単子）的主体というものがいたとすれば（いないが）、彼の耳にはいかなる音楽も聞こえないだろう。音楽だけでなく、そもそもどのような言葉も聞こえない。自分自身の言葉も聞こえない。だから、そもそも思考するということができない。

私たちが思考できるのは、「自分の語る言葉を自分で聴く」ということができるからであり、それは要するに私たちが「時間の中にいる」ということである。そして、「時間の中にいる」とは「今」ではない時間、「ここ」ではない場所に、深く確実なしかたで結びついており、それをリアルに生きることができるということである。私たちは「今ではない時間」、「ここ」ではない場所を「今、ここ」と同じようにリアルに生きることができる。そうでなければ、音を聞くということができない。センテンスを理解するということができない。思考するということができない。要するに、人間であることができない。音楽は「人間性とは時間的なものだ」ということを教えてくれる。

射・御についても事情は変わらない。「的は襲ってこない」とよく言われる。誤解されがちなことだが、射（弓術）は本来武技ではない。射のねらいは「自分の身体」から逃れ出て、筋肉や関節や腱の働きを外部から点検することである。自分の外にいったん出て、そこから自己点検のためにふりかえる。それはヘーゲル的な意味での「自己意識」を持つこととほとんど変わらない。

御（馬術）が「人間ならざるものとのコミュニケーション」の修練のためのものであることはここまでの理路からはもはや自明であろう。

最後に書字と計数が来る。これはいずれも言語と度量衡を共有する人間たち相手のコミュニケーションの技法である。ということは、「言語と度量衡を共有する人間たち」同士では有用だが、そうではない人間を相手にしたときには、役に立たないということである。

「グローバル化した世界」では、建前上すべての人間がコミュニケーションの言語と価値の度量衡を共有している（英語を話し、「年収」で人間を格付けすることに同意する人々が「グローバル化した世界」の市民たちである）。だから、書数だけ学べば世俗の用を弁じるには足りる。しかし、それだけでは、そうではない世界の人々（例えば、死者たち）とはコミュニケーションすることができない。「グローバル化した世界」に外部は存在しないと信じている人々の目には、おそらく礼も楽も射も御も、どれも

「ビジネス」としてしか映らないだろう。そういう人たちに向かって葬礼や音楽の霊的意味について語ることは純粋に時間の無駄である。

けれども、今のままの教育システムが継続されていれば、遠からず私たちの子どもたちは「超越的なもの」とかかわる術も、時間の流れを行き来する術も、自分自身の身体と対話し、異類と交流する術も、どれも体系的に習得する機会に恵まれないままに成人になってゆくことになるであろう。

そのとき人間社会がどのようなものになるのか、私はあまり想像したくない。

（二〇〇九年五月）

「怪力乱神」の世界の住人

東京五反田でヨーガの成瀬雅春さんと対談。対談場所は、前に成瀬さんが多田先生と対談された五反田のヨーガ教室。

ほとんどパブリシティをしていないので、聴衆はヨーガと合気道多田塾の人たちばかり。

成瀬さんはご存知「空中浮揚」の人である。

ほんとうに空中に浮いてしまう人から「どうして人間が空中に浮くことができるのか」についての仮説をうかがうというのはたいへんにスリリングである。

私はたいていのことは信じる。幽霊も来世も輪廻転生《りんねてんしょう》も呪詛も信じている。怪力乱神を語るのが大好きなのである。「怪力乱神」そのものにも興味があるし、「怪力乱神」について語らざるを得ない人間の心のありようにも興味がある。

私たちは畢竟《ひっきょう》するところ「人間たちだけしかいない閉じられた宇宙」（@アルベール・カミュ）の住人である。人間の世界は人間的意味によって編み上げられている。

トカゲは耳元で銃声がなっても驚かない。それはトカゲの世界には銃声を伴う危険が存在しないからである。人間は耳元で銃声がなると肝をつぶす。それは人間たちの世界では耳元で響く銃声は生命の直接的な危機を意味するからである。

それぞれの種にとって世界はそれぞれの種の生存戦略に喫緊にかかわる情報を中心に編成されている。「人間たちの世界」は人間たちの生存戦略に死活的に重要な情報を中心に編成されている。

ただし、情報評価において、個体間にかなりのばらつきがある。

私は「気分の悪い場所」や「そばにいると生命力が失われる人間」についてつねにセンサーを働かせている。うかつにそういうものに近づくと心身のパフォーマンスが低下して、気分が悪いからである。でも、世の中には、「そういうもの」をリスクにカウントしない人もいる。彼らにとっては、私には死活的に重要と思える環境情報が無意味なのである（トカゲにとっての銃声のように）。

生きているニッチが違うのだから、それはそれでよろしいのかも知れない。

私自身は「怪力乱神」の跳梁《ちょうりょう》する世界の住人である。「そういうことってあるよねワールド」の住人である。

その方が楽しいし。

今回の成瀬さんの話で面白かったのは、地上九〇センチと一二〇センチのところに空気の密度が濃い「薄い膜」があって、それにそおっと乗ると「ふわん」とたわんで、一一〇センチくらいのところで安定する、という話。

膜が「たわむ」というところがいいですね。

それから角川春樹さんが一日に三万回木刀を振るという話（これは楽屋話ですけど）。『映画秘宝』読者はご存知のことだが、角川春樹さんは武神の霊がおりてきて、いま一日に三万三千回木刀を振ることができるようになったそうである。

「ほんとなんですか？」と私がかなり懐疑的なマナザシで問いかけたところ、成瀬さんは「ほんとだよ」ときっぱりと答えてくださった。成瀬さんは角川さんと仲良しなので、そのあたりの事情はよくご存知だそうである。あと前田日明さんとの交遊とかおもしろい話を裏でこっそり聞いたのであるが、これはオフレコ。

（二〇〇八年七月）

感知する心

医学書院の月刊『看護教育』のために、甲南女子大看護リハビリテーション学部の前川幸子、重松豊美、阿部朋子のお三方プラス神戸大の岩田健太郎先生で座談会。聞けば『看護教育』の編集長はかのワルモノ白石さんだそうである。いったい私に看護教育についてどのような提言を期待されているのであろうかと考えたが、何も思いつかないので、ぼおっとしたまま元町へ。会場のOrfeuは以前、田口ランディさん、白石さんといっしょにご飯を食べに来たことがある。

最初に私のところに来た医学書院の鳥居直介くんと杉本佳子さんも『看護学雑誌』の編集者であった。もうずいぶん前の話である。

私のところに看護関係の人が話を聴きに来るのは、たぶん私が「わからないはずのことがわかる」能力の開発プログラムをひさしく主張しているからだと思う。

看護のような、身体とまぢかに触れ合う職業においては、微細なシグナルを感知する能力が必要とされるのは当然のことである。「微細なシグナル」というのは外形的・数値的にはまだ表示されないところの身体的変化である。いずれ閾値《いきち》を超えれば計測機械も反応するであろうが、それに満たない場合は検査機器では検知できない種類の変化がある。人間の身体がアナログ的な連続体である以上当然のことである。

それが数値的に表示されるより「前に」、変化に気づく能力は医療の専門家に要求される重要な資質である。

「わからないはずのことが、わかる」

繰り返し引いていることだが、シャーロック・ホームズのモデルは、作者コナン・ドイルのエジンバラ大学医学部時代の恩師、ジョーセフ・ベルである。

ベル先生は患者が診察室のドアを開けて、椅子に座るまでのあいだの数秒間の観察を通じて、患者の出身地、職業、家族構成、既往症、何の疾病で来院したかまで言い当てたという。それは千里眼でもなんでもなく、ひとりの人間の身体が発信している無数のシグナルを感知することができたからである。

『緋色の研究』の冒頭で、ホームズはワトソンの履歴を一発で当てるという華やかな登場の仕方をするが、これはベル先生の名人芸をほぼそのまま借用したものである。

ホームズ自身はその推理の流れをこんなふうに説明している。

君がアフガニスタンから戻ってきたということが僕にはすでにわかっていた。僕の場合、久しい習慣として、あまりに高速度で思考が進むので、ある結論に達したときに、どういう理路をたどってそういう結論に達したのかが自分には意識されないのだ。でも、もちろん順序立てて推論をしていることに違いはない。推理はこんなふうに進行した。「彼は医学者的な風貌の紳士である。しかし、軍人的な雰囲気も備えている。それなら明らかに軍医だ。彼はどこか熱帯から戻ってきたところだ。というのは顔が日焼けして黒いからだ。だが、これは彼のもともとの肌の色ではない。袖口から見える地肌は白いからだ。彼はその地で苦しい目に遇い、病を得た。それはやつれた表情から窺い知れる。左腕に負傷をしている。腕の動かし方が硬く、ぎごちないから。英国の軍医が熱帯で辛酸をなめ、腕に傷を負うとしたら、それはどこか。アフガニスタンだ」。そんなふうに推理は行われたのだが、それに要した時間は一秒に満たない。だから、僕がアフガニスタンから戻られたところですねと言ったら、君は仰天したのだ。

(Sir Arthur Conan Doyle, *A Study in Scarlet*, in 'Sherlock Holmes, The Complete

Novels and Stories', Bantam Classics, 1986, p.18)

ベル＝ホームズ的推理を「観察力」というような簡単な言葉では言い尽くすことができないと思う。

「観察力」は強いサーチライトを当てて、倍率の高い望遠鏡で対象を眺めるような感じがするけれど、名探偵たちはむしろきわめて受動的な、ほとんど可傷的な（vulnerable）状態で他者の身体の前に向かっているように思えるからだ。「強い身体」は微弱なシグナルには反応できない。「傷つきやすい身体」だけが「傷ついた身体」からの「呼びかけ（calling）」を感知できる。

計測機械は可傷的ではない。だから、機械は「逸脱」は検知できるが、「弱さ」は検出できない。

「弱さ」というのはアウトプットそのものではなく、ある種のアウトプットを生み出す傾向のことだからである。

ナースの中には「死臭」を嗅ぎ当て、瀕死の人のかたわらに立つと「弔鐘」の音が聞こえる人がいるそうである（という話を前川先生からうかがった。ちなみに前川先生は「嗅ぎ当てる」人）。最初のうちは、そんなことを言っても同僚は誰も信じてくれなかったそうだが、彼女たちがあまりに高い頻度で「次の死者」を言い当てるので、ついに当直のドクターたちが「この患者、鐘鳴ってる?」と訊くようになってきたそうである。

そういうことって、ありますよね。

「癒す」仕事にもっとも必要なのは、この「弱さ」が発信する微弱なシグナルをあやまたず聴き取る力だろうと思う。

だが、看護の現場でも、看護技術のマニュアル化、EBM化が進み、結果的にナースの身体性が衰えているという。

医療技術が進歩することは歓迎すべきことである。けれども、それが医療従事者たちの「わからないことがわかる」能力の評価の切り下げや、そのような能力の開発プログラムの軽視を結果するのであれば、それは医療にとって危機なことである。

看護学部はどこでも志願者が増えている。メディアはそれを不況時における「手に職」志向だというふうに簡単に総括しているが、私は違う要素もあると思う。自分の身体の蔵している未知のポテンシャルに興味をもち始めた若い人たちも、きっとその中にはかなりの数含まれているだろうと思う。

それにしても、ナースというのは、いっしょにいて、ほんとうに気持ちの落ち着く方々である。目と目があったときに、彼女たちから最初に伝わるメッセージは"Don't worry"である。それは無言のまま、皮膚を通して、深く身体の奥にしみこんでくる。

（二〇一〇年二月）

密息と原腸

『考える人』の「日本人の身体」シリーズの今回のお相手は尺八奏者で「密息」呼吸法で知られる中村明一《あきかず》さんである。

「密息」とはどういう呼吸法かというと……それをすらすらと説明できるようであれば、苦労はないのであるが、あえて説明させていただくと、腹部の深層筋を用いて、瞬間的に大量の（驚くほど大量の）空気を肺に取り込み、それを自在に吐き伸ばすという呼吸法である。

実際に、その呼吸法で尺八を演奏して頂いた。

いつ息継ぎが行われたのか、外から見ているとまったくわからない。まるでノンブレスで延々と尺八が吹かれているように見える。実際には音と音の間に瞬間的な空白があって、そのときに大量の吸気がなされているのだそうである。

『「密息」で身体が変わる』（新潮選書）を読んで、ぜひこの呼吸法を習得して、合気道に応用しようと、「日帰り東京ツアー」に出かけた。

仕切りは新潮社の足立真穂さんと橋本麻里さんといういつものふたり。この二人と組んで仕事をするのはたいへん楽しく、またお気楽である。どうやら私は彼女たちといると、急速に女性ジェンダー化して、それが「身体文化論的『徹子の部屋』」という本連載のコンセプトにジャストフィットするせいらしい。

南烏山の中村さんのスタジオに結集したわれわれは、中村さんの音楽修業の話から始まり、倍音の魅力、呼吸法と風土、深層筋の操作方法、小津安二郎のローアングルと「水平線」など、きわめて興味深い論件について、三時間にわたりお話をうかがったあと、密息のお稽古をつけて頂いた。

呼吸法というのは要は「どの筋肉を使って、横隔膜を上下させるか」という解剖学的問いに集約される。胸筋を使うか、腹筋を使うか、深層筋を使うか、選択肢はそれほど多くはない。中村さんの説では、骨盤が後傾している日本人は、呼気も吸気も下腹部をしっかり張って、横隔膜を下に落とす「密息」がもっとも適している。

理屈はシンプルだが、これができるようになるためには、深層筋を操作できなければならない。

表層筋は目に見えるから操作することが比較的容易であるが、深層筋は文字通り目に見えないし、その使い方を主題的に指導されるということもない。

「運動感覚」（kinesthesia）という術語を使うこともある。

だが、現代人は「目に見えないもの」は「存在しない」という信憑《しんぴょう》に冒《おか》されているので、深層筋の操作のような外形的には見えない身体運用にはあまり関心を示さない。

「呼吸していることが外形的にはわからない呼吸法」の習得に何の意味があるのか、現代人にはよく理解できないのだ。それよりは、「腹筋が何段に割れる」とか「上腕二頭筋の断面直径が何センチである」とかいう可算的なものによって身体能力の向上を計測することを喜ぶ。

しかし、呼吸法が変わると、身体の編成そのものが変わる。

どう変わるのか。

これについては、福岡先生にご登場願って、説明をお願いすることにする。

福岡伸一先生の新著『できそこないの男たち』（ソフトなタイトルにもかかわらず、読めば賢くなる科学史本）によると、トポロジー的に言うと、人間の身体は「チクワ」と変わらない。

消化管は「チクワの穴」のようなものである。

口、食道、胃、小腸、大腸、肛門と連なるのは、身体の中心を突き抜ける中空の穴である。空間的には外部とつながっている。私たちが食べたものは、口から入り胃や腸に達するが、この時点ではまだ本当の意味では、食物は身体の「内部」に入ったわけではない。外部である消化管内で消化され、低分子化された栄養素が消化管壁を透過して体内の血液中に入ったとき、初めて食べ物は身体の「内部」、すなわちチクワの身の部分に入ったことになる。（福岡伸一『できそこないの男たち』、光文社新書、二〇〇八年、一四八頁）

人間の身体に開口している穴は実はすべて一種の「袋小路」なのであり、「本当の内部」ではない。

耳の穴もそうだし、汗腺や涙腺のように体液が出てくる穴も、その穴に周囲の壁から液がにじみ出てくるだけで、その穴の底は閉じている。（…）／したがって、トポロジー的に考えたとき、人間の身体は単純化すると本当にチクワのよう

な中空の管に過ぎない。消化管以外の穴はすべてチクワの表面に爪楊枝を刺して作った窪みでしかないことになる。(一四九頁)

しかし、これは少しも驚くには当たらないのである。というのは人間の遠い祖先はミミズやナメクジのような動物だからである。

彼らは、まさに1本の管である。口と肛門があり、その間を中空の穴が貫いている。わずかに眼の原型のようなものがあり、進む向きがあり、土を食べる側があるので、かろうじてどちらが口でどちらが肛門かが判別できる。脳と呼ぶべき中枢の場所は全く定かではない。むしろ、神経細胞は、消化管に沿ってそれを取り巻くようにハシゴ状に分布している。(一四九頁)

にもかかわらずミミズは「思考する」ことが実験的に確かめられている。ミミズの生命活動は消化管に沿って分布する神経ネットワークによってコントロールされているわけであるから、もし、彼らに、君の心はどこにあるの？　と訊ねることができ、その答えを何らかの方法で私たちが感知することができたとすれば、彼らはきっと自分の消化管を指すことだろう。（一五〇頁）

生物の生命活動の中枢は消化管にある。

チクワがどうした、といわれそうであるが、まあ、聴いて下さい。

昨日の中村さんとの話で福岡先生の話との符合に驚いたのは、密息では、骨盤を後傾させて、鼻腔から仙骨までを貫く一本の「管」を作り、そこに吸気を落とす、という比喩を使われたからである。身体を上下にまっすぐ貫く一本の管に空気が吸い込まれ、また吐き出される。その図像的比喩は腹式呼吸でよく用いられる「風船が膨らみ、しぼむ」という比喩とはトポロジー的にずいぶん異なる。

風船は「袋小路」だが、管は「突き抜け」だからである。

「密息」という語感から、この呼吸法を何か体内の秘密の場所で秘密裏になされる呼吸のように感じる人もいるかも知れないけれど、私が中村さんの密息呼吸法と、そのお人柄とたたずまいの全体から感じたのは爽快なほどの「突き抜け」感であった。

中村さんは紋付袴姿であり、着物の着付けが骨盤の後傾のコントロール上の重要な指標となることを指摘されていた。前に三砂ちづる先生から聞いたけれど、「着物の着付け」の要諦は「一本の管に布を巻き付ける」ように着る、ということだそうである。

おや、ここでも「管」が。

そういえば、尺八というのも、一本の竹の「管」に穴を開けた楽器である。

あら、ここでも「管」が。

生物の分節は「管」より始まる。まず「管に還れ」と。話はそれからだ。

中村さんも福岡先生も三砂先生も、なんだか「同じこと」を言っているような気がしているのは私だけであろうか。

（二〇〇八年一一月）

日曜日なので呼吸法をしてみる

ひさしぶりの日曜日。朝寝をして、ゆっくり朝ご飯を食べて、少し原稿を書いて、昼過ぎから合気道のお稽古。ふだんは土曜が稽古日だけれど、たまたま日曜の午後まるまる体育館がとれたので、特別稽古。

時間がたっぷりあるので、まず中村明一さんに習ったばかりの「密息」で呼吸法をやる。

表層筋を使わずに、深層筋だけで深く、沈み込むような呼吸をする。呼気はそれほど違和感がないのだけれど、吸気のやり方がふだんと違う。容れ物の底が抜けたような感じで息がすうっと落ちてゆく。

密息を習った翌日がちょうど能のお稽古の日だった。謡《うたい》の稽古（『安宅』と『山姥』）をつけていただいたあと、下川先生から「呼吸の仕方がよくなったね」と言われた。さすが専門家である。わずかな変化でも見落とさないのである。

謡はどういう呼吸法なのかお訊ねしてみた。

改まって習ったことはなく、子どものころから大人の能楽師たちの立ち居振る舞い発声法を見聞きしているうちに自然に身につくものだと教えていただいた。

そうでしょうね。

密息は身体を「管」化するわけだから、ふだんから着物をきちんと着付けていれば、着崩れしないように気をつけて呼吸するだけで密息のかたちは整う道理である。合気道だって道着をつけて稽古しているわけであるから、着付けの乱れを意識して呼吸していれば、自然に深層筋をつかった呼吸法になるはずである。

というわけで、二十分ほど呼吸法を行い、それから体術（中段突き）と杖取り。たちまち四時間が経つ。

呼吸法をよくやると動きに「甘み」が出てくると多田先生はよくおっしゃっている。

「甘み」というのは言い得て妙である。

「柔らかさ」というのとは違う。

「甘み」というのは「これから甘いものを食べる」という予感のもたらす「前味」（という日本語はないけど）があり、「甘いものを口中に投じ、咀嚼《そしゃく》し、嚥下している」リアルタイムの経験があり、最後に「口中の甘みの記憶」という事後の「後味」が残る。

つまり、「甘み」というのはすぐれて時間的な現象なのである。

これを武道的な動きに適用していうなら、動き出す前に「すでに」技が始まっており、動き終わったあとにも「まだ」技が続いているように感じられるのが「甘み」のある動きだということになる。

その境域内にはいったものを活殺自在に操れる空間のことを「結界《けっかい》」と言う（合気道の稽古では、体軸を中心にしたおよそ半径二メートルの円錐形の空間を「結界」とみなす）。

その理屈からいえば、「甘みのある動き」というのは「時間的な結界」ということになる。

「まだ」何も始まっていない段階で、「すでに」相手を「時間的な結界の中」に取り込んでしまうことができれば、たしかに理屈の上では活殺自在である。

呼吸法がたいせつだということを多田先生から長いこと教えられていながら、それが武道的にどうして重要なのかということの意味がなかなかわからなかった。

ここでも問題はおそらく「時間意識の操作」なのである。

「結界」というのは別に物質的に「はいよ」と示せるものではない。私の脳内にのみ存在するものである。私の脳内にのみ現象的に存在するものが、どうして「活殺自在」というような現実的効果を持ちうるのか。

ここが面白いところである。

ちょうどそのことを稽古に行く前に『日本辺境論』に書いていた。そのところを採録しよう（注：この部分は『日本辺境論』の最終稿からは削除された）。

自分の時間意識を騙す。これは可能です。時間意識は脳内現象ですから、操作できる。

「既視感」というのがそうですね。「あ、これはどこかで見たことがある風景だ」ということが私たちの身にはよく起こります。目の前にいる人が次に言う言葉までわかる。その通りの表情をして、その通りの言葉が実際に口にされる。でも、これは私たちが脳内で時間を操作しているから起きていることです。「はじめて見た風景」を「意識というスクリーン」に映写するとき、そこにわずかな「タイムラグ」を入れているのです。「邯鄲《かんたん》の夢枕」と同じで、わずか数十分の一秒程度の「タイムラグ」を私たちの時間意識は一分にでも百年にでも「解釈」することができる。だから、数十分の一秒前に見た景色を遠い昔に（まれには「前世で」）見た景色だと確信するということさえ起きる。

それと同じ「トリック」を自分自身の身に起きている「不測の事態」に対して適用する。はじめて経験することを「はるか以前にすでに経験したことがあり、それがどういう経緯で起きて、どういう経過をたどって推移し、最後にどうなるかまで、私はすべて知っている」という既知の枠組みの中に取り込んでしまう。

実際には知らない。でも、「知っていること」にする。それによってある種の「予知能力」を手に入れることができる。何しろ、「これからどうなるか私は知っている」という前提で行動するわけですから。打つ手打つ手がすべてぴたりと当たる。もちろん実際にはこれからどうなるかなんて知らないんですよ。神ならぬ身に未来のことがわかるはずがありません。しかし、知らないけれど知っているかのようにふるまうことはできる。そして、その詐取された全能感はあきらかに私たちの心身のパフォーマンスを向上させる。だから結果的に「打つ手打つ手がぴたりと当たる」ような気になるようなことも起きる。

私たちが想定する危機とは例えば「いきなり刀で斬りかかられる」というような危機的状況です。そういう状況を生き延びるためには、とにかく心身のパフォーマンスを最大化しなければならない。ふだんの実力の一二〇パーセントとか一五〇パーセントを発揮しないと生き延びられない。そういうときは「詐取」でもなんでもいいから、とにかく満腔《まんこう》の自信を以て危機に対処するという構えが絶対に必要なんです。

ですから、武術というのは、平たく言えば、心身のパフォーマンスが例外的に低下するような状況において、心身のパフォーマンスを例外的に向上させる技術のことです。そして、伝書が教えているのは、そのためには身体能力の向上には限りがあるから、どこかで時間を自在に行き来する術を身につけなければならない、ということです。(引用ここまで。といっても引用出典がもう存在しない文章からの引用ですけど)

「時間を自在に行き来する術」などというものは外形的には存在しない。けれども、自分の脳内の時間意識を操作して、「ためたり」、「食ったり」、「加速したり」、「制動をかけたり」することはできる。

だって、自分の脳なんだから。

おそらく呼吸法はそのための「コントローラー」なのである。

「呼吸問題」は奥が深そうである。

（二〇〇八年二月）

アースする力と気の感応

げほげほ。

ひさしぶりに風邪をひいてしまった。

一昨日、ふと「そういえばこのところ風邪をひかないなあ」と思ったのである。

「私は風邪をひかない」と自慢すると、必ずそのあと大風邪をひくというジンクスがあるので、そのときも心に思っただけで口には出さなかったのであるが、思っただけで罰が当たり、その日の夜からのどが痛くなってきた。

困ったことに翌日は大学祭の初日で、演武会と中沢新一さんとのトークセッションが予定されているのである。

朝、目が覚めるともういけない。

鼻が詰まり、のどが痛み、微熱があって、身体がだるい。終日ごろ寝をしていなさいと身体が指示しているのだが、そうもゆかず、怠け心（というか健康志向）を抑圧して、改源を飲んで大学へ。

演武会の方はもう手順がわかっているから、私がいなくてもてきぱきと準備が進んでおり、私はただ「じゃ、始めようか」とキューを出すだけ。出場者も少ないので、さくさくと終わり、私の説明演武の順番が回ってくると、アドレナリンが分泌されて、急に体調がよくなる。

演武が終わると、またのどが痛くなる。

現金なものである。

しかし、そのあと今度は本日のメインイベントのトークセッションがある。

中沢さんたちご一行が登場。せっかくの機会なので、大学キャンパスをご案内する。

中沢さんはカメラ持参で「おお、これは」とぱちぱち建物の写真を撮りまくる。本学キャンパスは中沢さんの審美眼にかなったようである。

講談社の加藤さん、140Bの江さん、大迫くん、釈先生、かんきちくんとどんどん知人が集まってくる。最前列には田村母娘、黒田くん、東川さんが陣取っているので、いつもの朝カルと同じような感じである。

お題は「今、日本にほんとうに必要なもの」（みたいなタイトル）。

今日本にほんとうに必要なものって何なのだろう。

「感応」かな。

中沢さんとはあきらかに「感応」するものがある。

とりあえず、そのひとつは「異界」とのインターフェイスに立つためにはそれなりの「技術」が要るという認識である。

この「技術」の習得に中沢さんも私もかなりの歳月と努力を傾注してきている。

この「技術」は「はい、これね」と言って単品で手渡したり、教授したりすることのできないものである。現にそのようなことをしている先達のふるまいを見て、そこから察知するしかない。というのは、先達たち自身も自分のふるまいのうちの「どれ」がインターフェイス専用の技術であるかをよくわかっているわけではないからである。

先達たちは、それぞれの規矩《きく》に従っていろいろなことをする。ご飯を食べたり、仕事をしたり、家庭をもったり、笑ったり、悲しんだりする。そのふるまいのなかのどれが死活的に重要な技術なのか、どの部分がきわだって特異なのか、それは見ている側が判断するしかない。

私が長く修業してきて学んだことの一つは「アースする力」である。

ひとの強い思いは、ある閾値《いきち》を超えると、愛情であれ憎しみであれ、憧憬《どうけい》であれ嫉妬であれ、破壊的な効果をもたらすことがある。破壊的なほどに強い心的エネルギーは生身で受け止め、そこにとどめてはいけない。

そんなことをしたら、身体を壊してしまう。

そういうものは「アースする」。

いちどは受けとるけれど、手元にとどめず、そのまま「パス」するのである。

中沢さんも「アースする」ことについてはずいぶん長い修業をしてきた人だと思う。

そういうのはわかる。

トークセッションでのトピックの一つは「穴が開いていることのたいせつさ」だった。

これもすごくよくわかる。

春先に寮の方からグラウンドの横を通って歩いてくる寮生たちを見ていると、顔の輪郭がぼやけて、桜の花びらとまざりあって一種靄靄《あいあい》たる点景をなしている。まるで彼女たちの身体の表層にたくさんの小さな孔が開いて、そこから外気が自由に出入りしているような不思議な印象がする。

長く低刺激環境におかれると、人間の身体の「バリアー」が下がって、外界との境界線が曖昧になる。そういうときに人間の歩き方はなんだかゆらめくようになる。それは都市の喧噪《けんそう》の中を早足で歩いている人の輪郭の明瞭さや足取りの正確さとまったく対比的なものである。

春霞《はるがすみ》の中をゆらめくように歩いている学生たちを見ていると、「天の羽衣、浦風に靉き靉く《たなび》。三保の松原、浮島が雲の。愛鷹山《あしたかやま》や富士の高嶺。かすかになりて、天つ御空の、霞に紛れて、失せにけり」という『羽衣』のキリの詞章を思い出す。古来、日本人がもっとも美しいものとしてイメージしたのは、乙女の姿が霞に紛れるさまであった。

それはたぶん「多孔的な身体」のありようを詩的に表象したものだと私は思う。

中沢さんとのトークセッションはこのあとまだ二回続く予定。どんな本に仕上がるのか楽しみである。

講演後、打ち上げ宴会。中沢さんから「ここだけの話」をいろいろとお聴きする。また今度は東京で、と約束してお別れする。

土曜日は学祭二日目。

風邪が治らない（まあ、こんな生活をしていたら治るわけないけど）。演武会は土曜なので、出場者が多く、演武次第は三十番まで。

杖道会の子たちの演武がレベルアップしてきて、それがとてもうれしい。これもみな若さまのおかげである。若さまありがとう。

畳を片付けてからぞろぞろと御影へ移動して打ち上げ宴会。杖道会と合同の打ち上げで、「秋の味覚一品持ち寄り」。今年は杖道会のプチ黒田くんの「ヘレカツの巻き寿司」が圧巻でした（ご飯七合炊いたそうである）。

みなさん、ごちそうさまでした。

日曜、朝起きると風邪はさらに悪化している。喉が痛く、鼻水が垂れ、もう絶不調である。しかし、今日は東京へ行かねばならぬ。

三砂ちづる先生が主宰している「おむつなし育児」のシンポジウムが津田塾大学であり、私はそこで特別講演をするのである。

なんで私が「おむつなし育児」にコミットしているかというと、このプロジェクトを支援しているのがトヨタ財団で、そのコーディネイターがケンちゃんだからである。

ケンちゃんは京大の院生だったときに甲南合気会のメンバーで、熱心にお稽古していたのである。それがめぐりめぐって三砂先生の担当になった。世間は狭いというか、偶然というのはないものである。

鼻水をすすりつつ「おむつなし育児」の研究報告を拝聴する。おもしろい試みである。

アフリカにはおむつというものをしないで育児をしている集団がある。こどもが便意を催したら、「よいしょ」とおんぶひもから下ろして、ぶりぶりじゃあじゃあとうんちおしっこをさせる。研究に行ったアメリカの人類学者が「どうしたら、子供が便意を催したことがわかるのですか？」と質問したら、聞かれた母親はきょとんとして「あなたは自分がおしっこしたくなったとき、それがわからないの？」と反問したそうである。

なるほど。

私たちなら「気の感応」というところである。

多田塾では背中に手を当てて、前を歩く人に「右、左」を想念で指示して、方向をコントロールする稽古がある。この想念は「身体がぐいっと曲がるときの筋肉や骨格や関節の感じ」を体感としてはっきり思い浮かべて、相手に送る。送られた方は「なんとなく」どちらかに曲がりたくなるのであるが、そのときの「あ、こっちだ」という決定は、多田先生の比喩を使うと「忘れていた人の名前を思い出すとき」の感じに似ているのだそうである。

忘れていた人の名前は、自分の中の、どこか知らないところから、ふわっと浮かんでくる。たぶん「おむつなし育児」をしている母親たちは、訓練を積むと、子供の便意を「自分の便意」に限りなく近いものとして感知することができるようになるのであろう。

この能力はきわめて汎用性が高い。単におむつの有害無害とか衛生問題とかのレベルを超えて「非言語コミュニケーション」の能力開発プログラムとしてきわめてすぐれたものになると私は思う。

「便意」というところがすごい。

便というのは、身体の内側にあるときは「主体＝自我の一部」であり、境界線を越えたところで「他者＝汚物」になる。物理的・科学的組成に変化が起こるわけではない。境界線の「こっち」にあるか「そっち」にあるか、それだけの違いである。それを感知することによって、私たちは「主体」と「他者」の境界線を確定するのである。

「おむつなし育児」を実践するお母さんたちが口々に言うのは、子供の便意をぴたりと感知して出てきたときのうんちは「かわいい」というものである。思わず写メに撮ってともだちに送ってしまうそうである。

主体と他者が分離するそのリアルタイムに立ち会うことによって私たちが得ることのできる最良の形而上学的教訓は「他者はかわいい」という実感である。

これはすばらしい達成であると思う。

三砂先生とケンちゃんに手を振って、雨の武蔵野を後にして、新幹線で神戸に帰る。やっと病気になれる。

（二〇〇九年一〇月）

対立するものを両立させる

対立するものを対立したまま両立させることが「術」である、ということを前に甲野善紀先生から伺ったことがある。なるほど、とそのときは深く納得したのだが、どう「なるほど」なのか実はよくわからなかった。

そういう言葉は小骨のように喉に刺さる。

魚の小骨はいつか溶けて消えてしまう。本人が気づかないうちにちゃんと唾液が多めに分泌されて溶かしてしまったのである。同じことは知的な意味での「小骨」についても起きる。どうも腑に落ちなくて、気になって仕方がないことがあると、「気になること」に関連するできごとに遭遇するチャンスが増える。「あ、あれは『このこと』だったのか」ということに気づく機会が（それがつねに解決をもたらすわけではないが）増える。

「対立したものを対立したまま両立させる」のは何のためなのか。

そのことを久しく考え続けていた。

『私家版・ユダヤ文化論』の終わりのほうに、そのことに関連してこんなことを書いた。

「強迫自責」（愛している人が死んだときに、自分はその人の死に責任があると思い込むこと）についてのフロイトの学説を祖述しているうちに、「強迫自責」を抱え込んだほうが、そうでない場合よりも死者に対する「愛情」が強化される、ということに気づいた。

愛する人が死んだときに、私たちは誰でも「もっと生きているあいだに愛しておけばよかった」という悔恨にとらえられる。私はあの人のことを「こんなにも豊かに愛していた」という愛情の十分性を証す事実は少しも思い出されず、むしろ、「あのときにこうしてあげればよかった……あのときにはこう言ってあげればよかった……」というような愛情の不十分さの事例だけが選択的に想起される。それがさらに亢進すると、私たちは「もしかすると、私はあの人の死をひそかに願っていたのではないか……」という自責に襲われる。そんなことがあるはずがないのに、そういう自責にとらえられる。

愛情が深ければ深いほど、強迫自責は深く私たちを絡めとる。

そのような自責に私たちは耐えることができないから、それを否定するために、自分がどれほどその人を愛していたのか、その証拠を列挙しようとする。「私は実は愛する人の死を望んでいたのではないか……」というような毒性の強い疑念を否定し尽くすためには、大量の愛情が備給されねばならない。だから、「私はもしかすると愛する人の死をひそかに望んでいたのではないか」と思いついたことによって、結果的に私たちの無意識のうちには奔流のように愛情があふれ返ることになるのである。

対立があるときの方がないときよりもシステムは活性化する。「弁証法」と呼ばれるのはそのプロセスのことである。

活性化ということに焦点を当てて考えると、ある能力や資質を選択的に強化しようとするときには、それを否定するようなファクターと対立させると効率的である。

経験的には誰でも知っていることである。

「対立するものを対立させたまま両立させる」のは、二つの能力を同時的に開花させるためには、それらを葛藤させるのがもっとも効果的である。

土曜日に合気道の稽古をしているうちに、そのことに気がついた。

前にも書いたとおり、運動の精度を上げるためには、できるだけ身体を構成している粒子を「未決定」状態に維持しておかねばならない。

「平方根の法則」によって、自由に運動する粒子の数がふえればふえるほどシステムの誤差率は下がる。

おや、「平方根の法則」をご存じない？

では、ここで、もう一度おさらいをしておこう。

ご案内のとおり、原子はランダムに行動する。微粒子を空中に分散させると、あちこち揺れ動きながら、最終的には重力の影響を受けて、「平均的に」は下方に落下する。しかし、それはあくまで「平均」を取った場合のことであって、大半の粒子が重力方向に落下しているときにも、少数ではあるが必ず重力に逆らって上昇している粒子が存在する。

平均から離れてこのような「例外的ふるまい」をする粒子の数は実は統計学的に決まっている。

「平方根の法則」というものが存在する。

百個の粒子があれば、その平方根（ルート一〇〇）すなわち十個の粒子は例外的なふるまいをするのである。これは純粋に統計学的な規則である。

さて、ここに百個の原子からできた生物がいたとする。

この生物の構成原子のうちの十個はつねに例外的にふるまう。

だから、「この生命体は常に一〇パーセントの誤差率で不正確さをこうむることになる。これは高度な秩序を要求される生命活動において文字通り致命的な精度となるだろう。」（福岡伸一『生物と無生物のあいだ』、講談社現代新書）

なるほど。

さて、他方に原子数百万個の生命体があったとする。

この生命体において、平均からはずれたふるまいをする原子の数はルート一〇〇万すなわち千個である。

誤差率は一〇〇〇÷一〇〇万＝〇・一パーセント。

誤差率は一気に減少する。

生命体が原子に対して巨大である理由はここにある。それは生命体が生き残るために必要な精度を高めるためなのである。

私はこの箇所に真っ赤に線を引きながら「おいおい、これって武道の話じゃないのか」とひとりごちたのである。

誰でも経験的に知っていることであるけれど、緊張すると運動の精度は下がる。恐怖や焦慮で足が居着き、身体がこわばっていると生命体の運動精度はどんどん下がってゆく。それは「揺れ動く粒子」の数がそれだけ減っているからである。

武道では「敵を作ってはいけない」ということを繰り返し教えられる。だが、この言葉の意味をほとんどの人は精神的な訓話だと思っている。

それは違う。

「敵を作らない」というのは純粋にテクニカルなことである。

「揺れ動く粒子の数を高どまりさせておく」というのが生命体の諸器官が高いパフォーマンスを維持するためには必須であり、それは言い換えれば「生き延びる上で必須」だということである。

だが、因習的な「敵 - 主体スキーム」を採用すると、私たちは敵対的な場面において、自動的に自分の身体を「攻撃部分」（揺れ動く部分＝遊軍）と「防禦部分」（動かない部分＝陣地）に分割して、固定化しようとする。

そして、「敵」に対する恐怖や猜疑が強まるほど、遊撃隊の活動は鈍り、ハリネズミのような防御体制をとることになり、自由に動く粒子の数が減る。それだけ運動精度は下がる。だから、論理的に言えば、一〇〇パーセントリラックスしているとき、私たちの敵を殺傷する運動精度は最大化するのである。

伝説的な殺人者（ハンニバル・レクターとか）は殺人の最中もまったく脈拍数も体温も変化しないらしい（だから、あれほど効果的に人を殺傷しても、ＦＢＩにつかまらない）。では、武道はレクター博士みたいな人を作り出すための修業かと言うと、そんなはずがない。

武道はもっと「欲張り」である。運動精度をもっと上げることはできないかと考えるのである。

自分の身体を構成している原子の量には限界があるから、ある程度以上「揺れ動く粒子」の数は増やせない。

でも、目の前に等量のストックがあるではないか。

相手の身体である。

相手の身体と自分の身体を「同体」として再構築した場合、その身体の構成粒子数は倍になる。この二つの身体を「複素的身体」として、一〇〇パーセントリラックスした状態にもってゆくことができれば、運動精度は私が単独で行動しているよりも飛躍的に高まる。

理論的にはそういうことになる。そして、やってみるとわかるけれど、実践的にもそうなのである。

古武道の形稽古では、取りと受けはそれぞれ単独で動いているよりも、激しく打ち合っているときの方が動きが速く、滑らかになる。空気中に何の抵抗もない状態で剣を素振りするよりも、相手が受け流すところに剣を打ち込む方が、剣そのものの動きは速く滑らかなのである。

体術の場合はもっとはっきりそれがわかる。

気の感応が高まり、体感が一致すると、二人の人間が作り出す動きは、単体で動いている場合にはありえないような精度を達成する。単体の身体運用では実現できない種類の「身体の理」がそこに顕現するからである。

武道的な身体運用ができる人間は「身を修め、家を済し、国を治め、天下を平らげること」ができると古来信じられてきた。それが戦国時代に武道がプロモーション・

システムとして採用されてきた理由である。戦場における殺傷技術に卓越した人間には政治的統治能力があるとみなされたのには共同主観的には合理的な理由がある。それは他者の身体と感応して、巨大な「共身体」を構築する能力が戦場における殺傷能力と同根のものであることについての社会的合意があったからである。

私がずっと考えてきたことはそういうことなのである。だが、でも、どうして共‐身体の構成要素が増えるにつれて秩序が精密化するのかの理由がうまく説明できなかった。それが福岡先生の本の中に「平方根の法則」という言葉を見出して、長年の疑問が氷解したのである。

生命体を構成する揺れ動く粒子の数が増えるほど運動精度の誤差率は下がる。だから、武道的身体運用において、もし運動精度を高めようと思ったら、いかに自分がリラックスするかだけではなく、いかに相手をリラックスさせるかを配慮しなければならない。相手が緊張して運動精度が最低になっている状態で、自分だけがリラックスして身体を使うことができる人間がいたとしたら、彼がしているのはメカニカルで流れ作業的な「虐殺」にすぎない。武道がめざしているのがそのようなものであるはずがない。単独では決して達成することのできない「秩序」の顕現を求めて、私たちは動くのである。

「居着き」ということを武道が嫌うのは、身体が凝固して、運動の自由度が下がり、可動域が限定されると、運動の精度が下がるからである。しかし、だからといって、武道は身体運用の完全な自由をめざすものでもない。身体の完全な自由を求めると、どこかで「アナーキー」の境界線を越えてしまうからだ。

ジャッキー・チェンの『酔拳』はその好個の適例である。「適度に酔って身体の居着きから解放された状態」においてはたしかに運動の精度は向上するが、酔いすぎてしまうと、足腰立たなくなって、運動そのものが成り立たなくなる。自由ではあるが、同時にある種の秩序の内側にいること。これが運動が最適精度を維持するための条件である。

「自由」であることと「秩序の内側にいる」ことは当然ながら対立する。けれども、この対立を対立したまま両立させなければ武道的な動きは成り立たない。

多田先生はかつて「動きの終わった状態に向かって自分を放り込む」という表現をされたことがあった。韓氏《かんし》意拳《いけん》の光岡《みつおか》英稔《ひでとし》先生は「リールが釣り糸をたぐりよせるように動く」という言い方をされたことがある。これはどちらも「未来がすでに既決であるかのようにふるまう」ということである。

しかし、運動の精度を上げるためには「できるだけ決定を先延ばしにする」のはマイクロ・スリップ理論の基本である。イチローのバットは、細かに揺れ動きながら、最適のヒッティングポイントを求めてインパクトの直前までためらっている。

　あたかも未来がすでに決定しているかのように「決然と動く」ということと、運動の方向や速度を最後まで未決定のまま「ためらいながら動く」、ということはどう考えても矛盾する。けれども、運動の精度を上げるためには、この矛盾する要請に同時に応えなければならない。おそらく「矛盾」という古語の原義もそこにあったのだと思う。

　土曜の合気道では「四種類の転換」を集中的に稽古してみた。これは片手を握ってこちらの動きを制してくる相手を四方に自在に方向転換させる術である。

　接点において「インターフェイスの肌理《きめ》を細かくする」のは複素的身体構成のために絶対必要なことである。けれども、それだけに固執していると、相手の身体にぬれ雑巾が貼りつくような、べちゃべちゃした主体性のない動きになってしまう。コヒーレンスを取り、アラインメントを合わせ、ある種の秩序を到成するためには、そこに「決然とした流れ」がなければならない。その動線を描くことが宿命的に定められていたように、決然と動くことが必要である。

　気をつけてほしいのだが、「決然と」というのは「自分勝手に」ということではない。自分勝手に動いていたのでは、私と相手をともに含む複素的身体は構築できない。相手の身体と自分の身体の間で、求め合う動きと逃れ去る動きと追う動きが渾然一体となっているような状態を作り上げること。それが技法上の課題である。

そして、「技法上の課題」というのは、それをどう解決したらよいのか、その解決法が「まだわからない」ものである。

どう解決してよいかわかっているなら、それは「課題」とは言われない。どう解決してよいかわからないけれど、それを解決しなければ先に進めないということまではわかった。

こういう状態にいるときがいちばんわくわくする。

（二〇〇七年四月）

「序・破・急」の動き

ひさしぶりのオフの土曜日。岡田山ロッジで合気道の有段者稽古。

上級者対応の「序破急」の動きについて説明する。

一教の切り落としを三行程に分けて、円転・直線・円転と運動の質を切り替える。たぶん以前も技が冴えて感じられるときは、そういうふうに動いていたのだろうが、術理の裏付けがあったわけではない。

序というのは破（運動の質の変化）が行われたあと、それに先立つ行程として事後的に把持された行程である。リアルタイムで「今は『序』の動きをしているのだな」というような意識があるわけではない。

急も同断。別にそこから動きが速くなるわけではない。「破」の後の動きは、物理的には緩慢であっても、受けの「期待の地平」に存在しないものであれば、「目に見えないほどに速い動き」として「説明」される。だから、「急」の字があてられるのである。

問題はここでも時間意識である。

なぜ、「序」が「徐」と書かれなかったのか。その理由を考える。

序と急が同じ質の運動であれば、遅速を考量することができる。それなら「徐」の字の方がふさわしい。「序」というのは「ものごとが継起する順序」にかかわる語であり、「急」は「ものごとが動く時の速度」にかかわる語である。順序と速度は度量衡が違う。序と急は同一のものさしでは比較考量できない。それは「一番」と「一秒」を比べるようなものである。

あえて古人が「徐・破・急」を退けて、「序・破・急」の語を用いたのは、「破」によって度量衡そのものが切り替えられる消息を伝えたかったからではないか。

そういうことが長く稽古しているうちにだんだんわかってくる。


（二〇〇九年一一月）

石火の機

恒例の広島県支部での多田先生の講習会。

去年から日本武道館の後援を得て、だいぶ大規模な事業になり、講習時間も倍近く長くなった。甲南合気会・神戸女学院大学合気道部あわせて二十名で参加する。

呼吸法・体捌き・体術・太刀・杖と合宿と同じくらいに集中的な稽古をする。

久しぶりに受け身を取るので、最後まで体力が保《も》つかちょっと心配していたけれど、身体の切れはいつもよりよかった。

多田先生がこの講習会では「機」ということを集中的に指摘されていた。これは今の私自身の技法上の悩みにまっすぐ触れるものであった。

潜在意識が身体を主宰するとき、意識と意識のあいだに瞬間の「空白」が訪れる。

それが「機」である。

「空白」というのは、自分が何を考え、何をしているのかを「私」が知らないからである。

「石火の機」と『不動智神妙録』にはある。そのとき動きは神速となる。

「神速」というのは「とても速く動く」という意味ではなく、「通常の時間の流れとは違う流れで動く」ということである。喩えて言えば、刀を切り下ろしたところに相手が首を差し出してくるような動きのことである。

それが「先の先」ということである。

機を利己的に用いれば、それはただの「虐殺」となる。

だから、「機の錬磨」というときに強弱勝敗を論じるということはありえないのである。

合気道の稽古で「同化」ということに軸足を置いて稽古していると、技が柔らかくなり、機を失した動きになりかねない。けれども機に軸足を置いて稽古すると、おそらくほとんどの人は相手を「一撃で倒す」ということばかり気にして、結果的に対立的な図式に戻ってしまうだろう。

もちろんこの葛藤にできあいのソリューションはない。葛藤を苦しむことそれ自体が稽古であり、その稽古を通じて、もっと複雑で手のつけようのない葛藤に遭遇するせいで、この葛藤が「前景から退く」というのが武道的なソリューションのあり方だからである。

綿のように疲れて、とりあえず広島駅で広島風お好み焼きと生ビールで打ち上げる。みなさん、お疲れさまでした。楽しい二日間でしたね。広島県支部のみなさんには今年もお世話になりました。また、来年もよろしくお願いいたします。

（二〇〇七年五月）

剣の理合について考える

月曜火曜と杖道会の合宿。合宿は白浜に続いて、二回目。若さまが忍耐強くクラブ活動を支えて、後継者を育ててくれたので、今は二回生が六人もいる。若さま、ありがとう。

今回は滝野のN光園という不思議な旅館に泊まる。お部屋も広いし、お風呂も広いし、道場も広いし……全体に「広すぎ？」という点が、私たち都市住民の空間感覚とややずれがあったのかも知れないが、たいへんカンファタブルであった。

初日は一三時から一七時まで杖の稽古。基本をやってから、着杖《つきづえ》から乱留《みだれどめ》まで。二日目の今日は九時から一三時まで。基本をやってから乱合《らんあい》。それから居合。

このところ月曜と金曜に会議や取材や打ち合わせが集中して、二ヶ月ほどお稽古を見ていないのだが、みんな私の留守中もちゃんとお稽古をしていたらしく、ずいぶん上達しているので、うれしくなって、少しむずかしい術理をお教えすることにする。

杖には杖の、剣には剣の、先方の「ご事情」というものがある。あちらのご事情をできる限り配慮せねばならない。

杖や剣は、初期条件が設定されれば、それ以外にないという唯一無二の最適動線を、最短速度でたどり、障害物に出会ったときに最大エネルギーを発揮する。こちらの仕事は、先方の「お仕事」の邪魔をしないということに尽くされる。うっかり、こちらの都合でコースを変えたり、止めたり、曲げたりすると、えらい目にあう。打突斬撃《だとつざんげき》の力というのは凄まじいもので、肘や肩や膝はすぐに壊れてしまう。

人間にできるのは「初期設定」と「強制終了」の二つだけである。

初期設定でなすべきことは、杖剣を「正しい位置」に置き、「正しい動線」に送り出すこと。強制終了でなすべきことは、杖剣が急停止する際に、どうすれば当方の肘や肩や腰や膝にダメージを与えないで済むかを思量すること。

この二つである。

私が稽古していたとき、「どうすれば打突や斬撃が強くなるか」についてはさまざまなご指導をたまわったが、「どうすれば身体を壊さないように杖剣を止めるか」という技術的な問いはどうも組織的にネグレクトされていたように思う。それは現に、多くの高段者が膝や肘を壊していたことから窺い知れる。杖や居合の講習会場はつねに「エアーサロンパス」の刺激臭で充満していた。だが、先生方は誰も高齢の先輩がたを指して、「ああいうふうになってはいけないよ」とは言わなかった。

まあ、言いにくいですわな。

結果的に、若い人たちは次々と身体を壊していった。

私も膝を壊した。外科的診断では「運動厳禁・正座厳禁・革靴厳禁」というところまで壊した。

三軸修正法の三宅安道先生のおかげで奇跡的に復活できたが、三宅先生に出会っていなければ、いまごろは松葉杖にすがってよろよろと歩いていたはずである。

自分自身の失敗が骨身にしみているので、どうやれば打突斬撃の蔵する巨大なエネルギーを解放しつつ、そのダメージを「放電」するかという技術的問題をずっと考えてきた。

　断片的にわかったことがいくつかある。

　一つは「手の内」が大きく関係していること。

　手の内の締めを変えることで、どうやら剣の斬撃のエネルギーは方向を変えるらしい。

　剣の場合は「物打ち」という、切っ先から三寸ほど下のところが最大の力を発揮するポイントなのであるが、そこにエネルギーは集中している。

　手の内を「斬り手」から「止め手」に変えると、このエネルギーの向きが変わる。

　物打ちから刀身を下って、右掌から身体の内側に流れ込み、胴を貫いて、左足裏から地面に「放電」する（ような感じがする）。

　よくわからないけど。

　というわけで、このところ手の内のことをいろいろ工夫しているのである。

　学生たちは非力な女性であるから、身体をうまく使う以外に剣の止めようがない。

　その点では、臂力《ひりょく》にすぐれた男性よりもむしろ「術」を求める気持ちが強い。

　あれこれと思いつくことを実験しているうちにあっというまに時間が経って、合宿が終わってしまった。

（二〇一〇年二月）

「向こう側」に突き抜ける人

『Sportiva』の取材で御影の高杉で刈部さんのインタビューを受ける。お題はイチロー。

先日、九年連続二〇〇本安打の記録を立てた偉大なベースボールプレイヤーであるが、記録に言及されることをあまり喜ばない。それは彼の卓越したパフォーマンスを数値的にしか表示しようとしない日本のスポーツメディアの能力の低さにうんざりしているからではないかという話をする。

アスリートのパフォーマンスを数値でしか語れないというのは、現代日本を覆い尽くしている幼児化の端的な徴候である。スポーツメディアが書くのは「数字」と「バックステージの人間ドラマ」だけである。アスリートについて書かれていることは、記録や順位や回数についてか、人間関係についてか、そのどちらかである。だが、ベースボールプレイヤーについて書くときに、打率や打点や本塁打数や出塁率やにしか言及できないというのは、喩えて言えば、バレーダンサーのパフォーマンスについて論じるときに、ピルエットの回数とかジュテの高さとかリフトしたバレリーナの体重だけを書き、「舞踊そのもの」については何も書かないようなものである。

野球もまた身体的パフォーマンスであり、それが与える喜びはダンスを見る場合と変わらない。それは卓越した身体能力をもった人間に「共感する」ことがもたらす快感である。

長嶋茂雄という選手はもう記録においてはほとんどすべてを塗り替えられてしまったけれど、彼がプレイするときに観客に与えた快感に匹敵するものを提供しえたプレイヤーはその後も存在しない。長嶋茂雄はただ「守備しているときには来たボールは捕って投げる。攻撃するときには来たボールをバットで打ち返す」ということだけに、そのことだけに全身全霊をあげて打ち込んだプレイヤーである。長嶋のプレイを見ているときに、私たちは彼の身体に想像的に嵌入《かんにゅう》することを通じて「野球そのもの」に触れることができた。その意味で長嶋は一種の「巫者《ふしゃ》」であったと思う。

長嶋がそうであったように、卓越したパフォーマーに私たちが敬意を払うのは、その高度な能力を鑑賞することを娯楽として享受できるからではない。そうではなくて、私たちの日常的な感覚では決して到達できない境位に想像的に私たちを拉致《らち》し去る「involve する力」に驚嘆するからである。

刈部さんとのインタビューではイチローと井上雄彦さんの「相貌上の相似」がひとつのトピックになった。

ふたりとも若いときは、「ふつうの青年」だったが、今やまるで禅僧のような、武道家のような透き通った面立ちになっている。それは「遠くを見ている人」に固有のおもざしである。ひとりは野球という「興行」をつうじて、ひとりはマンガという「娯楽」をつうじて、ある境界線を突き抜けてしまった。

あらゆる職業には「これくらいでいいだろう」というラインがある。九九パーセントの人間は、そのラインをみつけると、そこに居着く。一パーセントの（もっと少ないかも知れない）人だけが、それを超える。「そこまで行くことなんか誰も君に要求していない。いまのままで十分じゃないか。これ以上自分に負荷をかける必要はないだろう」という制止の声を振り切って、歩み続ける。

歩み続けることを止められないその人たちをみていると、人間はどのような職業の、どのような知識や技能を通じても、「行けるところまで行こう」とすると、「向こう側」に突き抜けてしまうのだなということがわかる。そして、私たちは凡庸な人間には決して達することが出来ない境位に私たちを導いてくれたそのような人々に対する敬意を禁じ得ないのである。

（二〇〇九年九月）

文楽ってすごい

今週も土日はお仕事。先週も、先々週も、その前もずっとお仕事……週末らしい週末はカレンダーをめくると九月一九日が最後である。甲南合気会の諸君とはかれこれ二ヶ月ほどお会いしていない。みんな元気でお稽古しているのだろうか。もちろん助教の諸君が交替で道場の指導には当たってくれているのであるが、私は三ヶ月に二回しか道場に行っていないことになる。

合気道関係のイベントも休み続けである。合宿も研修会も武道祭も総会も、どれも欠席した。まことに心苦しい限りである。

大学の仕事で休むのは仕方がないが、講演で稽古を休むのはつらい。

でも、「土曜日は合気道の稽古がありますから、仕事はできません」という断りがなかなか通じないのである。世間の人はそれを「土曜日はゴルフの練習がありますから、仕事はできません」というような感じに受け取るらしく、怪訝《けげん》なリアクションをする。

そういうことが続いてひさしく稽古を休んでいる。

来年度も土曜日には入試業務がいろいろ入るが、講演とか取材とか対談とか、そういう学外の仕事はもう一切入れないことにした。原則として土曜日は合気道の稽古、日曜もできるだけ稽古という心づもりである。

昨日は公募制推薦入試、編入試験などがあり、朝八時半から夕方六時まで大学の入試本部詰め。家に帰ってから翌日の文楽取材の「予習」。

日曜は朝から日本橋の国立文楽劇場へ。『考える人』のための桐竹勘十郎さんの取材である。

『蘆屋道満大内鑑《あしやどうまんおおうちかがみ》』を幕見してから、インタビュー。終わってから、文楽の「見方」を教わったばかりなので、それを応用すべく第二部の『心中天網島』「北新地河庄之段」を幕見。

文楽劇場は明後日「あの方」がお見えになるということで、ものものしい警護である。

「あの方」って、オバマ大統領ですか？　と訊いて笑われる。

「人形遣い」の三人遣いという技法について、詳細にわたって説明をうかがう。

勘十郎さんはとってもフレンドリーで、説明も実にわかりやすい。話を聴いているうちに、「人形遣い」という仕事は「気の感応」の力がなければつとまらないということがだんだんわかってくる。

三人でまったくアイコンタクトも言葉による合図もなしに自由自在に人形を操るのである。

その日によって動きが変わる。

だが、厳密に言えば、主遣《おもづか》い（首《かしら》と右手を扱う）があとの二人（左遣いと足遣い）に指示を出しているというわけではない。指示を出して、それに反応して動いていたのでは間に合わないからである。

人間の身体だって、頭が動いてから、手足が応じるわけではない。同時に動くに決まっている。

つまり、三人が同時的・共同的に人形の操作に参加して、そこに三人の人形遣いの誰にも中枢的にはコントロールされていない、独立した「人形の身体」が生成するのである。

その「人形の身体」が「動きたい」と思った動線を、三人が共同的に実現する。

こういう非中枢的な身体運用こそ「日本の身体」の構造的な特性なのだということが改めて実感されたのである。

日本の芸能はまことに奥が深い。『心中天網島』の紙屋治兵衛はまことに「チャーミングなダメ男」である。その「バカだけどかわいい」キャラクターを勘十郎さんはみごとに人形において実現していた。ほんとうにかわいいのだ。

（二〇〇九年一一月）

極楽合気道からの帰還

金曜の朝から日曜の夕方まで恒例の合気道春合宿。

合気道の合宿は稽古・風呂・飯・寝る・稽古・風呂・飯・寝る・稽古・風呂・ビール・飯・寝る・宴会・寝る……という極楽パターンなので、知的活動に供せられる大脳部位が合気道関係に限定されており、基本的に三日間文字というものを見ない生活である。当然、パソコンなどという不粋なものを合宿所に持ち込む人間はいない。

前に東大ボート部の合宿の話を読んだ記憶がある。

ボート部の合宿所は戸田だかどこかにあって、そこで部員たちは起居している。合宿といっても学期中のことなので、早朝練習のあと、昼間は大学にでかけて授業に出る。帰ってからまた練習。

最初はみんなまじめに授業に出ているのだが、そのうち億劫《おっくう》になって、合宿所の万年床から這い出せなくなる。教科書を開いてみても、何が書いてあるかよくわからない。

しかたがないので、新聞を読む。しばらくすると新聞に書いてあることが理解できなくなる。

しかたがないのでマンガを読む。しばらくするとついにマンガに描いてあることが理解できなくなる。

ここまで来ると、ボートマンとしてほぼ「仕上がった」状態であり、ボート漕ぐ・風呂・飯・寝る・ボート漕ぐ・風呂・飯・寝る……というルーティンに同化したヒューマン＝ボート・バイオメカノイドが誕生するのだそうである。

よい話である。

稽古が佳境に入ると、新聞が読めなくなり、テレビがうるさくなり、やがてマンガさえ読めなくなるというのはほんとうである。

稽古が心身をピュアにするので、ノイズ耐性が弱まるのである。

合気道は身体情報の送受信感度を最大化すること自体を目的としているので、三日も続くと身体感度がデリケートになってくる。だから、テレビのようなノイズの多いメディアに触れると、ほんとうに「痛い」と感じるようになるのである。

私たちの投宿するホテルは「貸し切り」にしてもらっているが、それは見知らぬ人がそばに混じると、その人たちの発信する周波数の違う情報が「ノイジー」であるというよりはフィジカルに「痛い」からである。

身内だけ四十人ほどが六十時間ずっと同じ空気を吸い、同じ食べものを食べ、同じ身体操作を繰り返していると、一種の「多細胞生物化」が出来上がる。合気道の稽古自体が「自我の解体・他者の受け容れ・複素的身体の構築」というプロセスであるから、同質化、シンクロニシティの強化は通常よりはるかに速く、深い。稽古以外の時間でも、笑うときは四十人が一斉に笑い、息を呑むときは四十人が一斉に息を呑むようになる。だから、最後の昼食を食べているころは、ぱくぱくと「カレーを食べている」のが私なのか私のとなりにいるウッキーなのか前にすわっているクーなのか背中合わせにいるドクターなのかもうよくわからなくなる。自他の境界線が融解して、私が見ていないものが「見え」、私が聞いていない音が「聞こえ」、私が触れていないものが「わかる」という境位が合気道の、というよりひろく武道修業のめざすところなのである。

だからこそかつては戦場における武勲がそのまま治国平天下の能力に読み替えられたのである。

今回の合宿で神戸女学院大学合気道部草創期から十六年にわたって活動を支えてくださった松田高志先生が四段に昇段した。すばらしい審査の演武であった。審査前のストレスはたいへんだったらしく、審査の終わった夜は赤子のように身体を丸めて深い深い眠りのうちで熟睡されていた。お疲れさまでした、松田先生。

今年卒業の四年生たち白川さん、中瀬さん、前川さんが二段昇段。おめでとう。卒業しても稽古に来てね。新幹部学年の石田さん、重松さん、隅田さん、河内さん、福井さん、ウッキー道場の田中さんが栄光の「ザ・ブラック・ベルツ」入りを果たす。みなさん、おめでとう。甲南合気会最初の「女性初段位」の栄誉は谷尾さんがゲット。女学院OG以外での最初の黒帯である。女学院合気道部の新部長は石田さん、副将は重松さん、部長はサキちゃん。四月から新体制である。一年間がんばってください。永山主将、一年間ご苦労さまでした。森田さん、亀ちゃん、ありがとう。ナカジマ、マナベ、コニーの留学組も早く帰って稽古に来るのだよ。

永山主将は最後の仕事として「神戸女学院合気道部部歌」を制定し、一〜三年生全員で披露してくれた。これはサキちゃんが「ブカがほしい」と言い出したので出来たものだそうである。サキちゃんは一年生だから「部下」がいないのは当然であるが、ほしいのは部下ではなくて「部歌」だった。以前は「ブキがほしい」という部員がいたので、「どのような武器がほしいのか」訊いたら「部旗」のことだった。紛らわしいことである。

部歌は二種類あり、いずれも「振り」付きで、とくに「第二部歌」の最後には“Vey, Vey, Ho”という、多田先生の最近のお稽古に出てないと意味がわからないたいへんマニアックなリフレーンがついていた。末永く歌い継いでいただきたいものである。

合宿の全行程を仕切ってくれたウッキーとドクター佐藤と永山主将に改めてお礼を申し上げます。みなさん、どうもありがとう。

（二〇〇七年三月）

私自身の他者化

東京出張。多田塾研修会にプラス仕事が三つ。

研修会で多田先生と呼吸合わせをしているうちに「ミラー・ニューロン」が活性化

してくる。この訓練法が脳科学的に意味することが何となくわかってくる。

他者の体感との同調と、私自身の他者化である。

「他者の体感との同調」というのはご理解いただけるであろうが、「私自身の他者化」というのは聞き慣れない言葉である。

それをご説明しよう。

鏡像段階というのはラカンの有名な理説である。

人間の子どもはある時期鏡につよい関心を持つ。もちろん子どもには「鏡像」という概念がないから、そこに映っているものが何であるかわからない。けれども鏡の前で手足を動かしているうちに、自分の手足と鏡像がシンクロしていることに気づく。

どうして「シンクロしている」ことがわかるのか。

これはミラー・ニューロンの働きで説明ができる。

つまり、「何か」が動くのを見ていると、見ている人間の脳の中では必ずその動作にかかわる神経細胞が活性化する。ひとがボートを漕いでいるのを見ているだけで、「ボートを漕ぐ」ために必要な筋肉や骨格を動かせる神経細胞が点火する。いわば他人の身体の中に入り込んで、それを内側から想像的に生きるようにするのがミラー・ニューロンの機能である。

鏡の前にいる人間の子どもの場合だと、自分の鏡像の動きを見ているとミラー・ニューロンが点火する。鏡像の内側に入り込んで、それを想像的に生きるようになる。そうこうしているうちに、その想像的体感があまりに自身の現実の体感と一致するので、想像なんだか現実なんだかわからなくなる。鏡像を経由して自分の身体に入り込んでいるわけであるから、入り込んだ先が「まるで自分の身体みたい」に感じられるのは当たり前なんだけど。

ラカンは「私の機能の形成過程としての鏡像段階」の中でこう書いている。

身体の全体形——主体はそれを経由して幻影のうちにおのれの権能の熟成を先取りするわけであるが——はゲシュタルトとして、すなわち外部を通じてしか与えられない。(*Écrits* I, p.91)

人間は自分の身体の全体像を見ることができない(肉眼で見えるのは手足と胴体の一部だけである)。しかし、鏡像はそれを一挙に与えてくれる。鏡像を経由してはじめて私は私の全体像を手に入れる。

鏡像は私の外部にある。その外部の像と自己同一化することで、私は「私の権能の熟成」を前倒しで手に入れることができる。その全能感という報酬が外部にある像との一体化という「命がけの跳躍」を動機づける。

ミラー・ニューロンが発達するのは、「外部にある像と同一化すると報酬が得られる」という報酬系が鏡像段階で確立したからである。全能感や快感がそれだけ強烈だからである。

自分の鏡像というのは、鏡のところにある。鏡は「あっち」にあって、どう言い繕《つくろ》っても「ここ」にはない。「ここにはないもの」を、何となく私の動きと同期しているみたいだ……という程度の薄弱な理由を根拠に、私と同一化しているのである。人間は「自分ではないもの」を、運動の同期を根拠にして、「自分だ」と思い込める。ということは、少し無理をすれば、何となく私の動きと同期しているみたいに感じられるものであればどんなものとでも同一化できるということである。

原理的にはそういうことになる。

おそらくその「自分ではないものを自分の鏡像だと思い込める能力」の例外的な発達によって、人類の始祖たちは霊長類からテイクオフして、「人間」になったのである。

私たちが武術の稽古で行っている「見取り」とか「うつし」というのは、この鏡像段階を強化したものと考えることができる。

師の動きは弟子の動きよりもはるかに雄渾《ゆうこん》で流麗であるが、弟子はそれをトレースしているうちに、師の姿のうちに自分の「おのれ自身の熟成を先取り」するようになる。それは強烈な全能感を弟子にもたらす。「師という他者」のうちにおのれの自己同一性を仮託するのである。だから、師匠が「はっく」とくしゃみをしかけたら、弟子の方が「しょん」と引き取るというような同一化が起きる。

そのような共感能力（シンパシー）というのがどういうものかは誰にもだいたいわかる。でも、その共感能力が「自分自身を含んだ風景を仮想的な視座から俯瞰する」（スキャン）の能力と同根のものであるということは長期的かつ集中的に身体技法を学ばないと理解が及ばない。

これは前に脳科学の池谷裕二さんから伺ったことだけれど、ミラー・ニューロンの活動を強化する薬剤が発明されたとき、その投薬実験をしたことがあった。すると被実験者が全員同じ「イリュージョン」を見た。何だと思います。

幽体離脱である。

自分の身体から抜け出して、上空から自分の身体を見下ろす「幻想」を見たのである。

ミラー・ニューロンというのは、他人の動きに同期する機能を担っている。それが強化されると、人間は幽体離脱する。それは「幽体離脱」が「スキャニング」と同じものだと気づけば腑に落ちる話である。

上空から自分を含む風景を見下ろす。その能力がサッカーやラグビーのようなボールゲームのプレイヤーにとって死活的に重要なものであることは誰にもわかる。グラウンドを上空から見下ろすことができれば、どこにスペースがあるか、ディフェンスがどこから接近しているか、パスする味方がどこから走り込んでいるか……それが見える。その能力のことをボールゲームでは「スキャン」と言う。

その能力をどうやって強化するか。

もちろん経験的に効果的なプログラムが存在する。

ラグビーの場合なら、それはフォワードの「スクラム」であり、バックスの「パス回し」である。スキャンする力はいずれもプレイヤーたちがあたかも一つの共-身体を形成しているかのように、あたかも同じ一つの身体の右手と左手であるかのように、中枢的な指示なしに動く訓練を通じて強化されるのである。

そうすると何が起きるか。

自分の身体が延長されるのである。自分には見えないが、共-身体を形成している仲間が見ている画像が見える、自分には聞こえないが仲間が聞いている音声が聞こえる、自分は触れていないが仲間が触れているものが感じられる。他者の身体経験が自分の身体に転写される。

見えないはずのものが見え、聞こえないはずのものが聞こえ、触れていないはずのものの触感が「わかる」。このような感覚入力を脳はどう処理するか。脳が思いつく「説明」は一つしかない。それは上空からすべての身体を俯瞰している全能の視点を想定し、それに自己同一化することである。「神の視点」と言ってもよい。

自分を含んだ風景を上空から俯瞰する視座に立つこと、それが「スキャンする」ということであり、その能力は他者の身体との共感度が上がることによって強化される。

その理路はミラー・ニューロンや鏡像段階理論が知られるよりずっと以前から、身体技法の修業者たちには知られていたのである。

そう考えてはじめて多田先生の合気道の稽古が「呼吸合わせ」と「足捌き」に例外的に長い時間を割く理由がわかる。

呼吸合わせは師との体感の同調の稽古であり、足捌きは上空の「幽体離脱」的視点から自分の動きを見る稽古である。つまり、この二つはまったく同じ脳内部位の、ミラー・ニューロンの活性化にかかわる稽古だったということになる。

むろん、理屈がわかるということと身体が動くということは別の話である。けれども、この稽古法がきわめて合理的なものだということがわかって稽古するのと、何のためにしているのかわからないまま稽古するのとでは、集中の深さが違う。

（二〇〇七年二月）

定型性を強制されることの効用

倉吉東高校に講演に行く。この高校の芝野先生という方がたいへん熱心な「ウチダ読者」で、ご招請いただいたのである。

増田聡くんによると、「たいへん熱心なウチダ読者」のことを業界の一部では「タツラー」というそうである。「ウチダー」よりはいいでしょうと増田くんは言う。まあそうだけど。

とにかく、その先生の音頭取りで全校をあげて「ウチダ本」を読む運動を展開されているらしい。生徒たちはしかたなく近くの書店に行って「ウチダタツルの本ありますか?」と訊くことになる。倉吉の書店の人も次々に高校生がやってきてはウチダ本を求めるので、さぞや驚かれたであろう。

そのせいで倉吉の書店では「内田樹コーナー」を作ったそうである。

リバプールでレコード屋をやっていたブライアン・エプスタインのところにある日レイモンド・ジョーンズという少年が来て、「ビートルズのレコードある？」と訊いた。

ブライアンはそんなバンドの名前を知らなかった。ビートルズのレコードを買いに来る子どもたちが続いたので、これは何かあると思ったブライアン・エプスタインはクラブにその名前のバンドの演奏を聴きに行き、それが縁でバンドのマネージメントをすることになった。

という「わらしべ長者」のような話がある。

倉吉の書店のみなさまに天上のブライアン・エプスタインからのご加護がありますように。

倉吉東高校の生徒さんたち先生がたを前に講堂の壇の上で百分ほどしゃべる。「学ぶ力──生き延びる力を育てる学校教育」というタイトルで、学校という制度の人類学的意味について、おもに「スキャンする力」と「センサーの感度」をどう涵養するかというテクニカルな視点から考察する。

最初に生徒さんたちは「起立・礼・着席」ということをきちんとされるが、この身体運用は何のためのものか、という問いから説き起こす。

身体運用の同調はおそらく幼児がもっとも早い時期に興味をもち、かつ訓練されることである。

幼児教育が「お遊戯と歌」を中心に編成されているのはゆえなきことではない。

同一動作の鏡像的反復は脳内のミラー・ニューロンを活性化させるからである。

ミラー・ニューロンは「鏡像」との同一化能力を強化し、それが子どもたちを「主体の基礎づけ」に導く。

初等教育でも、同一動作の反復はあらゆる場面で繰り返される。

これを「個性の抑圧」とか「心体の権力的統制」とか言う人は申し訳ないけれど「主体」の存立を不当前提していると言わねばならぬ。

主体が出てくるのは、それよりずっと後の話である。

まず他者の心身との共感の回路をかたちづくり、そのあとでその回路を通じてはじめて「主体」が立ち上がるのである。まずはミラー・ニューロンを活性化して、鏡像をおのれと「誤認」するという経験を経由してからでないと主体は始まらないのである。

中等教育でもだから「標準的な身体運用」が強制される。

他者の身体との同調、共感、感情移入、「鏡像とおのれの混同」を経由してはじめて主体性を司る脳機能が基礎づけられるからである。個性を消すためではなく、個性が育つ基盤を作るために、「他人と同じ動作」をすることが強制されるのである。

この順逆を間違えてもらっては困る。

「型にはまった」制服や校則を忌避する少年少女たちが、その一方で、彼ら同士の間では、まったく同じような着崩し方をし、まったく同じような髪型をし、まったく同じようなメイクを共有し、まったく同じような口調で、まったく同じような内容の話をするのはなぜか。それは「個性の追求」ではなく、「型にはめられること」を彼ら自身が希求しているからなのである。

それは必要なことなのである。

いくら「オレは個性的に生きたい」と言っても、パジャマで登校したり髪型を「ちょんまげ」に結う子どもはいない。「個性的な中学生」という「定型」に彼らもまた自発的に従っている。それほどに成熟のために定型は必要だということである。

その上で申し上げるが、やはり定型は定型として外部から「強制」されるべきだと私は思う。

というのは、「外から強制された定型」はいつか、子どもたちが成熟し、社会的な力がつけば振りはらうことができるからである。だいたい制服なんかは卒業するか転校するかすれば脱ぎ捨てて生ゴミに出してもよいのである。だが、定型的なふるまいであるにもかかわらず、それを現になしている主体が外部からの強制ではなく、「自分の意思で選んだもの」であると思い込んでいたら、そこからは出ることができない。押し付けられた定型からは逃れられるが、自分で選びとった定型からは逃れることがむずかしい。他人にかけられた呪いからは解くことができるが、自分で自分にかけた呪いは解除するのがむずかしい。だから、「自由にふるまっているつもりで定型に嵌《はま》っている子ども」が成熟プロセスにおいてもっとも大きなハンディを背負うことになる。

学校の機能は子どもたちを成熟に導くことであり、それに尽くされる。

標準的な身体運用を強いること、あるいは外見が同一的であるために自他の識別がむずかしくなるような仕掛けを凝らすのは学校という制度が成熟のための装置である以上、当然のことなのである。子どもたちが自分で自分に「定型の呪い」をかけることを阻止するためには、定型は外部から強制されなければならない。長く教育現場にいた先生たちにはこの理路は実感としてわかるはずである。

現に、私は合気道の道場でまさにその通りのことを強いている。

道場に「好きな服装で来てよろしい」、「自分の好きなように動いてよろしい」「気分次第に好きな声を出してよろしい」というような「個性尊重ルール」を適用したら、ひとりひとりの心身の能力開発プログラムは一歩も前に進まない。武道修業において、最優先の目標は心身の成熟であり、自余のこと（「個性の発現」だとか「自分らしさの追究」）に配慮するほど私は暇ではない。

骨格筋や呼吸筋の同一的運用を強いることによって、ミラー・ニューロンを活性化させ、それによって「スキャンする力」（上空から自分を含む風景を一望する力）を強化する。

ミラー・ニューロンとスキャニングの関連についてはすでに何度も書いた。

スキャンするとは「自分を含む文脈を知る」ということである。言い換えれば、自分が含まれるこの場において自分がどこにおり、どこに向かっており、何につながっており、どのような働きを託されているかを知ることである。村上春樹的比喩を用いて言えば、「配電盤」的なものの境位に触れることである。宗教的用語で言えば「おのれの召命（calling/vocation）を知る」ということである。

スキャンする力がないものには、自分が果たすべき仕事、自分がそれを成し遂げるためにこの世に生まれてきた当の責務が何であるかを知ることができない。

若い人は多く誤解しているが、個性というのは内発的なものではない。「呼ばれる」ことなのである。「自分は何をしたいのか？」という内発的な問いにこだわっている限り、人はグラウンドレベルから抜け出すことができない。自分が誰であるかを知るためには、自分から離脱して、上空から自分を俯瞰することが必要なのである。そして、自分から離脱して、上空から自分自身を俯瞰するためには、「鏡像的他者たち」との身体的同期が必要なのである。どういう理論でそうなるのか、私にはまだうまく説明できない。だが、脳科学の実験的知見と、武道や学校が歴史的に蓄積してきた「学び」と「成熟」にかかわる経験知はそう教えている。

自分を含む風景を上空から俯瞰する能力（スキャンする力）は、身体的同調（多田塾の合気道ではこれを「気の感応」と呼んでいる）によって強化される。「呼吸合わせ」というのは私たちの稽古の基本であるが、多田先生はこれを鏡に向かって何時間でもやれと教えている。鏡に向かって、全身を前後に動かしながら呼吸して、おのれの「鏡像」に同調する稽古をするだけで、武道的能力が劇的に高まることを多田先生はご自身の六十年余にわたる修業から確信されたのである。

講堂に集められて、制服を来て、整然と「起立・礼・着席」動作を行う千人あまりの高校生たちを見て、そのことが思い浮かんだ。

「みなさんはこの動作を儀礼的なものだと思っているでしょうけれど、それは違います。これは成熟のための身体操作なのです」という話をした。

ずいぶんとややこしい話だったと思うが（しゃべっている私自身うまく説明できないのだから）、おそらく高校生たちのどなたもが「人間が作り出した制度の意味と機能は簡単にはわからない」ということについては得心がいったのではないかと思う。

その後、高校生たちと一時間ほど懇談。鳥取西高校では核武装の可否について質問があったが、ここでも沖縄の基地問題やユダヤ人の民族特性についてなど、ハードな質問が続いて、すっかり愉快な気分になる。

「質問しているうちに、自分が何を訊きたいのかよくわからなくなる」というのは彼らの年齢においては知的なブレークスルーの徴候であり、「質問に答えているうちに、先方が知りたいと思っていたこととぜんぜん違うことを教えてしまう」というのは教師の本務である。

それでよろしいのである。

ていねいにお辞儀してくれる生徒たちに手を振ってお別れして、倉吉駅に向かう。

高校生っていいですね、と同行の先生たちにしみじみ言ってしまう。

倉吉東高校のみなさん、どうもありがとう。
たいへん愉快でかつ有意義な一日でした。

（二〇〇九年一二月）

動的平衡な夜

「死のロード」が終わり、月曜は「今年最後の出稼ぎ」。朝カルで福岡伸一ハカセと対談。

福岡ハカセはご自身を「ハカセ」と称し、また私のことを「内田センセイ」と表記されているのはご案内のとおりである。

この「ハカセ」という自称には福岡先生の自然科学に対する深い愛着とクールな批評性の両方がこめられていて、私はこの文字を見るたびに、胸の奥が「ぽっ」と暖かくなる。福岡ハカセ自身も、お会いするたびに「ぽっ」と胸の奥が暖かくなるような方である。

「センセイ」にも同様の文学的余情がある。

新刊はお互いに送り合っており、そのつどそれぞれの書評コラムで「めちゃ面白いです」と「ほめっこ」しているのもご案内の通りである。

そういうフレンドリーかつハート・ウォーミングな「仲良し」二人なのであるが、忙しくてなかなかお会いする機会がなかった。今般は朝カルの森本さんのオハカライで一年半ぶりくらいのご対面となった。

今回の対談はハカセの連載対談シリーズの一環としてある雑誌に掲載され、かつ私の連載対談シリーズの一環としてある雑誌に掲載され、そのあとそれぞれの単行本に収録される予定。つまり、「一粒で五度美味しい」徹底収奪企画なのである（すごいね）。期待通りにまことにスリリングな対談であった（と自分で言うのもなんですけど）。

テーマは「動的平衡」。

動的平衡は分子レベルでの現象であるが、ハカセがその『生物と無生物のあいだ』で活写したように、「分子レベルで起きていることは、人間の社会活動レベルでも起きている」のである。その書評を書いた日のブログに私はこう書いている。再録しておく。

学説史の祖述を読んで「どきどきする」ということがあるのだろうか？

これがあるのですね。

もちろん素材そのもの（「二重らせん」理論の前史とその後の展開について）がスリリングだということもあるのだけれど、福岡先生の文体が「ロジカルでクール」に加えて「パセティック」だからである。

「ロジカルでクールでパセティックな学説史」を私は中学生の頃に一度だけ読んだ記憶がある。

レオポルト・インフェルトの『神々の愛でし人』である。

数学者エヴァリスト・ガロアの短く浪漫的な人生を描いたこの伝記に出てくる「群論」とか「五次方程式」とか「冪数」（「べきすう」と読むのだよ）という言葉は私にはもちろん意味不明だったけれど（だいたい私は中学の数学でさえあまり理解できていなかった）、息が苦しくなるほど興奮したことを覚えている。

この本はインフェルトがガロアに捧げたように、福岡先生がオズワルド・エイブリーとルドルフ・シェーンハイマーとロザリンド・フランクリンという三人の「アンサング・ヒーロー」（unsung hero、すなわち「その栄誉を歌われることのない、不当にも世に知られていない英雄」）に捧げた本である。

その点がこのクールな本に「パセティック」な室温を賦与しているのだけれど、この本の「すごい」ところはそこには尽くされない。

推理小説をまだ読んでいない人にいきなり真犯人を教えてしまうようでいささか気が引けるが、この本の最大の魅力は福岡先生がこの三人（ノーベル賞をもらうはずだったのに、あとから割り込んで来た学者にさらわれてしまった真のイノベーター）の生命研究の学者としての「ふるまい」のうちに「生命のふるまい」そのものを見ていることにある。

遺伝子を扱う人々のふるまいが遺伝子そのもののふるまいと二重写しになっているのである。

「二重らせん」を発見したワトソンとクリックは「でこぼこコンビ」で行動するとそうでない場合よりもパフォーマンスが高いことを実証してみせた。「DNAは日常的に損傷を受けており、日常的に修復がなされている。この情報保持のコストとして、生命はわざわざDNAをペアにしてもっているのだ。」（「サーファー・ゲッツ・ノーベルプライズ」）

この文の「DNA」を「生物学者」に置き換えると、「二重らせん」の発見者たちのペアが顕微鏡写真の中にそれと知らずに「自分たち自身の肖像」を透視していたことがわかる。

福岡先生の学説史は生物学者たちがどのように離合集散し、どのようにペアを組み、どのように実証と理論を分業し、先行する理論の損傷を補塡してより安定性のよい理論を構築するかをたんねんに追ってゆくのだが、彼らが追っているのは「遺伝子を構成する分子たちがどのように離合集散し、どのようにペアを組み、どのように分業し、先行する単位の損傷を補塡してより安定性のよい生命構造を構築するか」という謎なのである。

もちろん福岡先生はそんな「種明かし」はしてないけれど、「そういう話」なのである。

かつてアンドレ・ブルトンは『ナジャ』の冒頭にこう書いた。

「私が誰であるか（ce que je suis）を知りたければ、私が何を追っているか（ce que je suis）を知ればよい」（違ったかもしれない。誰か覚えている人がいたら教えてね。でも、だいたいそういうことである）

まことにブルトンのいう通りである。

福岡先生はそれをひっくり返して、「もし科学者たちが自分の追っているものの正体を知りたければ、自分が何であるかを知ればよい」と言っているのである。

（引用ここまで）

まことに驚くべきことに、「動的平衡」という分子レベルでの「生命のふるまい」は、私たち人間の社会レベルでの「生命のふるまい」と同型的なのである。

そこで分子たちは「共生」し、「空気を読み」、「情報を適切なレシーバーめざして送り込み」し、「臨機応変、融通無碍《ゆうずうむげ》」に、自分のありようを「組織全体のパフォーマンスを最大化するように変成する」。

生きるとは変化するということである。

そして、変化の仕方の多様性は、そのまま「生きる力」に相関する。「変化の仕方」が変化せず、つねにワンパターンでしか変化できない生物は環境の劇的な変化に対応して生き延びることができない。自己同一的であることに固執する生物は「生きる力」を失う。

もっとも自由闊達《かったつ》に変化するものがもっとも自己同一的である。

逆説的だがそういうことなのである。

このことは人間的事実としては真理である。

「秩序は守られるために絶え間なく壊されなければならない」（『生物と無生物のあいだ』、一六六頁）

「変化の速度」を加速させることでシステムの安定をはかったのが資本主義である。

これは実によくできた制度であり、たしかに、それによって「絶え間なく壊される」という条件はクリアされた。けれども、「変化の速度」がある閾値を超えたところで、思いがけないことが起きた。

それは「あまりに変化の速度が速くなりすぎると、変化の仕方を変化させるところにまで手が回らなくなった」ということである。

あまりにものごとの変化が速くなると、変化は常同的なことの繰り返しになる。変化はその極限で同一性に帰着する。過剰に活性化されたせいで、交換の流れが停滞し、システムが硬直化するということがありうる。それが私たちの資本主義社会の実相なのである。別に経済学者が言っているわけではなく、私が勝手にそう思っているだけですけど。

だから、経済システムを「生き返らせる」ためには、分子レベルと同じ意味での「生命」をそこに吹き込むしか手だてがない。さしあたりそれは「変化の仕方の多様性を保証する」ということである。言い換えれば「適切に次のプレイヤーにパスする」ということである。

ボールゲームにおいてパスを送る相手を選ぶ基準は「できるだけ可動域が広く、次の動きについて多くの選択肢をもつプレイヤー」である。私たちは「送られたボールを抱え込んでその場に座り込むプレイヤー」や、「いつも同じコースにしかパスを出さないプレイヤー」にはパスを送らない。

ボールゲームのプレイヤーと同じように、動的平衡のうちにある分子たちと同じように、私たちは「よきパッサー」「よきレシーバー」とならねばならない。

分子レベルの生命活動と社会レベルの生命活動は同一の構造をもっている。

私たちの社会化された認識が自然現象のうちにおのれの似姿を読み込んでいるのか(ハカセはこれを「空目《そらめ》」と呼んだ)、あるいは私たちが分子レベルで発生的に経験した「生命とは何か」についての刷り込みを私たちは人間的事象において「複製」しているのか(俚諺《りげん》に言う「蟹はおのれの甲羅に合わせて穴を掘る」)。どちらであるかはわからないが、実践的にはどちらでも同じである。

というような話をする。

このような支離滅裂な話にきちんと受け答えしてくれる対話相手として福岡ハカセ以上の人は望みがたいのである。

(二〇〇九年一二月)

一ノ矢さんと会う

『考える人』の「日本の身体」、今回の対談のお相手をしてくださったのは、大相撲高砂部屋の松田哲博さん（元・一ノ矢）。松田さんの相撲歴については、ウィキペディアの記事を貼り付けておきます。

一ノ矢充（いちのやみつる、一九六〇年一二月二八日―）は鹿児島県大島郡徳之島町出身で高砂部屋（入門時は若松部屋）所属の元大相撲力士。得意手は押し、出し投げ、肩透かし。二〇〇七年一一月二八日の引退時点で現役最年長力士だった。昭和以降の最高齢力士、初の国立大学出身力士。本名は松田哲博。最高位は東三段目六枚目（一九九一年七月場所）。

琉球大学理学部物理学科在学中に相撲部を興す。大学卒業後、決まっていた高校の物理の教職を蹴り国立大学出身力士として史上初の角界入りをし、元関脇・房錦の若松部屋に入門した。身長が規定に及ばず新弟子検査を合格することが出来ずに半年ほど過ぎたが、一九八三年（昭和五八年）一一月場所の新弟子検査に合格。

四十歳になった頃から相撲記者から年齢に関する質問が増えたが、相撲を「武道」と位置づけた上で「年齢に関係なく、筋肉のつけ方や使い方によって強くなる相撲の本質があるはず。それを実践して証明したい。そう考えると年を取るのが楽しみ」と述べている。また、「年齢を競う競技ではない、体が動く限り続けたい」と常々語っている。部屋のちゃんこ長やマネージャーを務めるとともに部屋公式サイトの運営・更新を担当している。

二〇〇七年（平成一九年）一一月二一日に一〇〇一回目の土俵に上がり（敗れて五一七敗目）、当一一月場所限りで引退の意思と、二〇〇四年に取材で知り合った雑誌編集者と二〇〇八年二月二日に挙式を行うことを表明、現役引退後も引き続き部屋のマネージャーとして、陰から相撲界を支えるという。

お会いしてびっくりしたのは、松田さんの奥さんが故・竹信悦夫の『Japan Quarterly』編集長時代の部下だったというお話である。ちょうど、竹信とJQの話をブログに書いたその翌日に、竹信とJQにゆかりのある方とお会いすることになるとは。奥さんは学士会館でやった竹信の「送る会」にもおいでになっていて、私と高橋源一郎さんの弔辞を聴かれていたそうである。その高橋さんの御令嬢がこの『考える人』のコーディネイターの橋本麻里さんで、私の隣に座って、そのときに「ええ」とのけぞっていたのである。私はそのご尊父と翌日『Sight』の鼎談（いつもの高橋さん、渋谷さんとのおしゃべり）が予定されていたのである。

なんと。死せる竹信のご縁つながりで、こんなところでこんな人とお会いすることになるとは。

それればかりか、松田さんが相撲においてインナーマッスルの重要性を実感したのは、現役のころにロルフィングの治療を受けたことがきっかけであって、その施術者は安田登さんだったのである。

安田さんは、ご案内のとおり、この『考える人』の第一回の対談相手である。安田さんが箱根神社の奉納の能楽指導をしていらしたときには、うちの奥さんも時々小鼓のお手伝いに行っていた。つい数日前も安田さんから私あてにメールが来て、今度いっしょに本出しませんかという話になって、ぱたぱたと話がまとまったばかりである。

というふうに糾《あざな》える縄のごとく絡み合ったご縁であるので、話はいきなり佳境に入る。

双葉山と朝青龍の身体技法の話、シコとテッポウの合理性の話でおおいに盛り上がる。

相撲というのは武術であるような神事であるような伝統芸能であるような見世物であるような、まことに不思議なものである。だが、その身体技法としての独自性・卓越性について科学的な語法で考究したものは、私の知る限りほとんど存在しない。

松田さんは、物理学徒であり、かつ力士であるという例外的なポジションにいる。この特権的な立場から相撲の技法について松田さんが語る言葉は、合気道家として聴くと実に興味深いのであった。

股関節の使い方と肩胛骨のコントロールというマニアックな論点ですっかり興奮。「マリちゃん・マホちゃん」の「地上最強」コンビともども、神仙閣の壁を相手にテッポウ、床を踏み鳴らしてシコのおけいこ。

シコというのは思いがけずに難しいものである。

これは奥が深いわ。

さっそく合気道の稽古にも取り入れてみることにする。

どれも高橋佳三さんや守伸二郎さんや平尾剛さんが聴いたら大喜びしそうな話である。

というわけでモリモトさんの断りもなく、勝手に次回の大阪の朝カルに「武術的立場」のゲストとしてお呼びすることにした。松田さんをこの四人で囲んで、わいわいとおしゃべりをするのである。

楽しそう。

（二〇一〇年三月）

不安というセンサー

ひさしぶりのオフ。何日ぶりだろう……カレンダーを見たら、一月二七日以来のオフでした。極楽スキーとか温泉麻雀とか杖道会合宿とか、そういう「楽しい」系のイベントはオフに数えないのか、というトガリ眼のご指摘もあろうかと思うが、「オフ」というのは「予定がない」という状態のことであって、イベントのときの私はとっても忙しいのである。だから、オフの日にしか「これまでやる時間がなくて積み残してきた仕事」を処理することがかなわない。そして、そのような仕事の量はすでに一日や二日のオフでどうこうなるような限界をはるかに超えているのである。

十週間ほど「オフ」の日をいただければ、おそらく「不良在庫化」しているバックオーダーもことごとく処理され、担当編集者の顔に笑顔が戻ることになるとは思うが、十週間のオフを私が享受できるのは、おそらく臨終の床について後のことであろう。

私のカレンダーの「To do リスト」には現在十一項目が記載されている（今日の午前中に一つ消した）。このうちの五項目を今日のうちに消去したいと思う。

その前にまず掃除とアイロンかけしなきゃ。

BGMはツイッターでお知らせしたとおり、Randy Vanwarmer の軽快な“I'm in a hurry”である。

I'm in a hurry to get things done.
I rush and rush until life's no fun
And I really got to do is live and die
But I'm in a hurry and don't know why
「ああ忙しい　やることたくさん
ぼくはひたすら急いでいるばかり
どうせ生まれて死ぬだけなのに
どうしてこんなに忙しい」

ランディくんも私と同じような感懐を抱いた日々があったのであろう（“Just when

I need you most" がチャートインした頃に)。気持ちはわかるぞ、ランディ。

ツイッターを見ると、平川くんの父上と江さんが立て続けに体調不良の報。お父上はとりあえず集中治療室から出られるそうである。江さんの全身じんましんは原因不明。リアルタイムで、友人知人の発信する「アラーム」が共有されるのが、もしかすると、このメディアのいちばんすぐれている点かも知れない。

昨日、そういえば『婦人公論』の取材があった。

お題は「不安」。

政治経済の先行きの不安とか、老後の蓄えについての不安とか、結婚生活についての不安とか、子育ての不安とか、そういう不安に囲まれている現代女性はいったいどうしたらいいんでしょうというご下問である。

いつものように「不安をいたずらに持ってはならない」ということをお話しする。「漠然とした不安」というのは「このままこの道を進むとたいへん危険なことに遭遇する可能性が高い」という予測シグナルである。不安を感じたら、立ち止まり、様子を見て、場合によったら針路を変えるというのが生物としての本筋の行動である。

不安を感じないような生物は、無防備に危機の中に突っ込んでしまう。運が悪ければ死ぬ。だから、不安を感じることは生き延びる上できわめて重要な能力なのである。けれども、センサーである以上、それはつねに敏感な状態にキープしておかなければならない。だが、「三百六十五日二十四時間不安である」ような個体において、不安はセンサーとして機能しない。アラームが四六時中鳴り続けているようなセキュリティシステムと同じである。それでは、ほんとうに危険な状況に対処できない。同じように、「いつも不安」である個体は、「ほんとうに致死的な危険」と「無視して構わない危険」を識別することができない。だから、不安というのは、恐怖や嫌悪や痛みと同じように、ふだんは「ニュートラル」にキープしておく必要があるのだ。

私が悲観論者や不安症の人を信用しないのは、彼らが「ほんとうに悲観しなければならない状況」や「ほんとうに不安になるべき場面」に機敏な反応ができないからである。

私はルーティンの厳守とHappy go luckyをつねづね心がけているが、それは危機対応仕様なのである。

「同じルーティンの繰り返し」をしていると、わずかな兆候の変化から、異常事態に気づくことができる。

昭和三〇年代まで多くのサラリーマンたちは、毎日同じ時間の同じ電車の同じ車輌に乗って出勤した。それはパンクチュアリティということ以上に、危機についてのセンサーを高感度に維持する必要を彼らの戦闘経験や空襲経験が要請していたからではないか。サラリーマンが通勤電車の車輛への固執から解放されたのは、一九六〇年代半ば以後である。戦争が終わって二十年経っていた。

今でも、暗殺の危機にある独裁者は出勤退勤のコースを変えない（複数のコースをランダムに変えるだけである）。それは毎日同じコースをたどっていると「昨日はなかったもの」の存在と「昨日はあったもの」の不在が際立つからである。危機はつねにそのどちらかの様態を取る。そのことを高感度のセンサーを必要とするものは知っている。

イマヌエル・カントは異常にパンクチュアルな散歩者であり、ケーニヒスベルクの人々は彼の通るのを見て、家の時計の狂いを直したと伝説は伝えている。けれども、これは哲学者としてはある意味当然のことだと私は思う。毎日判で押したように同じ生活をしている人間の脳内では、（暗殺者をスキャンする明敏なSPの場合と同じように）「昨日はなかったアイディアがある」ことと「昨日はあったアイディアがない」ことが際立つからである。

哲学者の哲学者性とは、畢竟《ひっきょう》するところ、自己の脳内における無数の考想の消滅と生成を精密にモニターする能力に帰す（そういうことを言う人はあまりいないが、実はそうなのである）。だから、「ルーティンを守る」というのは命を守る上でも知的イノベーションを果たすためにも、実はとってもたいせつなことなのである。ルーティンの最たるものは「儀礼」である。

つねづね申し上げているように、だから家庭は儀礼を基礎に構築されるべきなのである。家庭を愛情や共感の上に築こうと願ってはならない。愛情や共感は「儀礼」についている「グリコのおまけ」のようなものである。あればうれしいが、なくてもどうってことないのである。

Happy go lucky がなぜ危機対応であるかについてもお話ししたいのであるが、そろそろアイロン掛けを始めないといけないので、続きはまた今度。

（二〇一〇年三月）

良導体であれ

菅原美喜子さんの主宰する多田塾奥州道場で多田先生の講習会があるので、岩手県までゆく。お供はいつものウッキー。

五月は広島の講習会に行き、全日本でお会いし、五月祭で説明演武を拝見して（帰りに赤門前のそば屋でおそばもごちそうになり）、奥州でもまる二日間。トータルすると、この一ヶ月のうち六日間多田先生とご一緒したことになる。多田先生のそばにいると、心身四肢五臓六腑が細胞レベルから活性化してくる。こういう感じを経験のない人に伝えるのはなかなか困難であるが、熱く細かい波動が先生から送られてくるのである。

これはその場にいる全員が感知してよいはずであるが、不思議なもので、あれほどはっきりした波動に触れながら、「感じない」人もやはりいる。どういう人が感じ、どういう人が感じないのか。この区別がだんだんわかるようになってきた。

良導体の人は感じ、そうでない人は感じない。

「良導体」というのは、その波動を次の人へできるだけ正確に「手渡す」ように受信する人のことである。

師から伝えられた波動を次へ伝達するためには、自分自身の導体としての機能が悪いせいで、せっかく受信したものを縮減したり、「汚したり」しないように配慮しなくてはならない。自分自身を良導体に保持することが必要である。

十七年前、自由が丘道場を離れて関西に来てから、合気道の稽古時間は激減した。けれども、合気道の理解は東京で集中的に稽古しているときよりもむしろ進んだ。

それは「伝えなければならない」相手ができたからである。

それまでは私自身が多田先生のメッセージの「エンド・ユーザー」であった。先生のおっしゃることがうまく理解できなくても、それによって困るのは私一人であった。精進の不足はわが身一身の不出来で完結する。

いっそすがすがしいように聞こえるけれど、これはやはり修業の妨げになるマインドセットであったのである。

私の理解が足りないことによって、私がリレーする「次の人」が困る、という状況に立ち至ってはじめて、私はそれまでとまったく違う注意力をもって先生のお話を聴くようになった。それまでは「これは、わかる。これはわからない」というふうに自分自身をスクリーンにして、「とりあえず、わかることからきちきちと片付けよう」というふうに稽古していた。ところが弟子ができると、「これはわからない」と放っておくわけにはゆかない。

私には師匠がいるから、たとえ「わからない」ことでも、稽古のときに先生に言われるままに身体を動かしていれば、それなりに「何か」が身についた（はずである）。けれども、私が「わからない」から「やらない」というスクリーニングをかけてしまうと、「それ」はもう次世代には継承されない。「弟子を持つ」というのは「わからないこと」でも次世代に伝えなければならないという切羽詰まったポジションに立つことである。

「よくわからないこと」を伝えるわけであるから、こちらも必死である。

自前のフレームワークに落とし込んではならない。それでは古諺にいう「寝台に合わせて足を切る」ことになる。聴いたままを伝え、見たままの動きを再現しようとするしかない。

その状態が「良導体」というありようである。

そして、まことに驚いたことに、「エンド・ユーザー弟子」から「パッサー弟子」の立場に移行したときに、先生の送ってくる波動がいきなり「びりびり」と感じられるようになったのである。

考えてみれば当然のことである。

波動の本性は「伝播すること」である。

そこがデッドエンドであるような個体に波動を送ってもしかたがない。先生の教えを独占しようとしていたときには伝わらなかった波動が、先生の教えを次にパスしなければと思ったときにはじめて烈しく私の身体を揺り動かし始めたのである。

「波動」という言葉をつかったけれど、この「　」の中にはどんな言葉でも代入できる。

「愛」でもいい、「言葉」でもいい、「お金」でもいい。

この三つはレヴィ＝ストロースが「コミュニケーションの三つのレベル」という言い方で指示したものだ。

親族、言語、経済活動。

それらの人間的諸活動はいずれも私たちに「良導体であれ」ということを指示している。

私たちが欲するものは、それを他人に与えることによってしか手に入れることができない。人間はそのように構造化されている。あるいは、そのように構造化されているものだけを「人間」と呼ぶのである。

（二〇〇七年六月）

修業に終わりなし

久しぶりに芦屋で合気道のお稽古をする。たくさん来ていて七十畳の道場が狭いほどである。

毎年この時期は「返し技」のお稽古をすることにしている。四月になると新入生が入ってくるので、基本からチェック。年度末の今頃は少し込み入ったことをやる。

実際にやるとわかるけれど、「少し込み入ったこと」の方が実践的には簡単なのである。単純な動きというのは意外に扱いにくい。無意味な動きはもっと扱いにくい。

初心者は自分が何をやっているのかよくわからないので、身体をがちがちに固めて、「ふつう人間はそんな動きはしない」というようなブキミな動きをする。

このような人に技をかけるのはたいへんむずかしい。

ある程度段階が進んでくると「理にかなった動き」をするようになる。自分の可動域や自由度を確保しつつ、相手の死角に回り込むような動きがどういうものかわかってくる。

武道の「型」はこのような「理にかなった動き」（つまり武道的な意味で「厳しい」動き）に基づいてつくられている。

そして、相手が厳しく速く理に則って動けば動くほど「返し技」はきれいにかかる。

武道というのは「相手の身体能力が高ければ高いほど、こちらの動きが冴える」という逆説的な体系だからである。

これが素人にはよく理解できないようである。

ふつうの「強弱勝敗」ゲームでは、できるだけ相手が弱く、身体能力が低く、身体感度が悪い方が術者は大きな利益を得ることができる。

だから相対的な勝敗にこだわる人間は、相手がつねに自分より弱いことを願うようになる。

ということは、「無敵を求める」とは、最終的には地球上のすべての人間が自分より弱く、脆く、愚鈍であることを理想とするということになる。

だが、自分以外の人間がすべて「自分より弱い」社会の実現を究極の目的とする生き方はあまり楽しいものにはなりそうもない。仮にそのような社会が実現したら（しないが）、私は退屈のあまり即死してしまうであろう。

だから、武道では「強弱勝敗を論ぜず」とされるのである。

いつも言っていることだが、それは楽器の演奏に似ている。

レスポンスのよい、キータッチのよい楽器はそうでない楽器よりはるかに扱いやすい。わずかな入力で切れ味のよいニュアンスに富んだ反応を返してくれるからである。

自分が質の高い身体を相手にしているときに、そうでない場合よりもおおくの利益を得ることができるように武道は体系化されている。だから武道の稽古は相手を倒し、破壊し、弱めることではなく、相手の身体能力を高め、身体感度を上げ、強くしなやかな動きができることを希求するのである。

「返し技」はそのことを自得してもらうためのエクササイズである。「受け」が応じ（通常の型稽古とは逆に、「取り」が攻撃を仕掛け、「受け」が応じ（通常の型稽古の場合はこの「応じる」段階で型が終わる）、その「応じた動き」に「取り」がさらに「応じて」型が終わる。つまりふつうの型だと「フィニッシュ」となる動きをさらに返して「フィニッシュ」を決めるのである。

ちょっとだけ手順が複雑になる。

だが、これができると、術者はふと重大な事実に気づく。

それは「型稽古には実はフィニッシュがない」ということである。

だって、「返し技」が成立するということは、「返し技の返し技」だってありうるということだからである。もちろん「返し技の返し技の返し技」もありうる。

つまり、武道の動きは「エンドレス」なのである。

これを限界まで拡大すると、私たちは常住坐臥、ご飯を食べているときも、寝ているときも、お風呂にはいっているときも、新聞を読んでいるときも、「返し技の返し技の返し技の……」無限に続く返し技のシークェンスの「どこか」にいるということになる。

「修業に終わりなし」と植芝先生はおっしゃった。

それは「この先も長く続く」ということだけではなく、「今この瞬間も（私の場合ならキーボードを打ちながら）修業している」ということなのである。

（二〇〇七年三月）

第四章　武士のエートス

瘠我慢合戦

麻生内閣の支持率が一一パーセントまで落ちたと毎日新聞が報じている。でも、首相は恋々として政権にしがみついている。

恋々というのも正確ではない。おそらく、「やめどき」を逸したせいで、やめようがなくなって、困惑し果てているのだろう。政治家の出処進退はまことにむずかしい。

「行蔵《こうぞう》は我に存す。毀誉《きよ》は他人の主張」

これは勝海舟の言葉である。

出処進退の決定については私には私なりの基準がある。それは公言して、他人の承認を求める筋のものでもない。毀誉褒貶《きよほうへん》は所詮《しょせん》他人ごとである。オレは知らんよ。

もちろん勝海舟だって、できることなら「勝先生は実に出処進退が鮮やかですなあ」とほめられたかった。でも、実は内心忸怩《じくじ》たるものがあったので、こんな言葉を書いてしまったのである。

その話をしよう。

福沢諭吉に『瘠我慢の説』と題する奇書がある。

旧幕臣でありながら、維新後新政府に出仕して栄達を遂げた勝海舟と榎本武揚《たけあき》の出処進退をきびしく批判したテクストである。

福沢は『福翁自伝』で幕末の幕府の制度劣化と幕臣の無能を口を極めて罵っているが、にもかかわらず、旧君徳川家の鴻恩《こうおん》を忘れず、明治政府の政策に対して歯に衣着せぬ寸鉄の批判を繰り広げ、一私塾の教師として、生涯を終えた。

「旧君の鴻恩を忘れず」というのは、ほんとうは正確ではない。「旧君の鴻恩を忘れない」という「構え」が（たとえそれが実感をもたないフィクションであっても）社会の一部の人間によって引き受けられていないと社会制度は保たないと考えていたので、あえてそのようにふるまったのである。

「きれいごと」をリアルかつクールに演じ切れる人間が、一定数いないと、社会は保たない。

そこらの十把一絡げの三下連中は、強いものについて付和雷同すればよい。どうせ三下なんだから、たいしたことはできやしない。けれども、勝や榎本のような傑出した人間は、無理を承知で「瘠我慢」する例外的な責務があるんじゃないか。そういうことができるだけの器量に生まれついたか、刻苦勉励それだけのスケールの人間になれたんだから。「瘠我慢」ができる人間とできない人間のあいだに人間の格の違いというのは出るんじゃないか。勝や榎本の炯眼《けいがん》をもってすれば、そのあたりのことは熟知されていていいんじゃないか。

というようなことを福沢は述べているのである。福沢諭吉というのは、まことに近代日本を代表するリアリストである。

その『瘠我慢の説』の冒頭に曰く。

「立国は私《わたくし》なり、公に非ざるなり」

国民国家なんていうものをつくるのは「私」的な事情である。国家というのは、本質的に「プライヴェートなもの」だと言っているのである。

すごいね。

なんぞ必ずしも区々たる人為の国を分て人為の境界を定むることを須《もち》いんや。いわんやその国を分て隣国と境界を争うにおいてをや。いわんや隣の不幸を顧みずして自《みず》から利せんとするにおいてをや。いわんやその国に一個の首領を立て、これを君として仰ぎこれを主として事《つか》え、その君主のために衆人の生命財産を空《むなし》うするがごときにおいてをや。いわんや一国中になお幾多の小区域を分ち、毎区の人民おのおの一個の長者を戴《いただき》てこれに服従するのみか、つねに隣区と競争して利害を殊にするにおいてをや。

国境だの国土などというものは、要するに人間が勝手にこしらえあげたものであって、単なる「想像の共同体」にすぎぬと言うのである。国家なんていうのはただの「アイディア」だぜ、と。

すべてこれ人間の私情に生じたることにして天然の公道にあらずといえども、開闢《かいびやく》以来今日に至るまで世界中の事相を観《み》るに、各種の人民相分れて一群を成し、その一群中に言語文字を共にし、歴史口碑《こうひ》を共にし、婚姻相通じ、交際相親しみ、飲食衣服の物、すべてその趣《おもむき》を同《おなじ》うして、自から苦楽を共にするときは、復《ま》た離散すること能わず。すなわち国を立てまた政府を設《もう》くる所以《ゆえん》にして、すでに一国の名を成すときは人民はますますこれに固着して自他の分を明《あきらか》にし、他国他政府に対しては恰《あたか》も痛痒《つうよう》相感ぜざるがごとくなるのみならず、陰陽表裏共に自家の利益栄誉を主張してほとんど至らざるところなく、そのこれを主張することいよいよ盛なる者に附するに忠君愛国等の名を以てして、国民最上の美徳と称するこそ不思議なれ。（福沢諭吉「瘠我慢の説」、『明治十年丁丑公論・瘠我慢の説』、講談社学術文庫、一九八五年、五〇～五一頁）

そういうふうに勝手に作り出した政治的幻想である国家に「鴻恩」を感じ、そのようなメンタリティを「忠君愛国」と称して賞美するなんてバカじゃないのと言っているのである。

それだけなら、当今の高校生だって言えそうである。

福沢諭吉がすごいのは、話がそれで終わるのではなく、話がそこから始まるからである。

忠君愛国の文字は哲学流に解すれば純乎たる人類の私情なれども、今日までの世界の事情においてはこれを称して美徳といわざるを得ず。すなわち哲学の私情は立国の公道にして、（…）外に対するの私を以て内のためにするの公道と認めざるはなし。（五一頁）

立国立政府は論理的には純然たる私事であるけれど、「当今の世界の事相」を鑑《かんが》みるに、これをあたかも「公道」であるかに偽称せざるを得ない、と。論理的には私だが、現実的には公である。

ふつうは逆ですよね。きょうびの政治家や高級官僚たちは、国や政府を「現実的には私物であるが、建前上は公物」として扱っている。福沢はその逆を言っている。国家は私的幻想にすぎない。しかし、これをあたかも公道であるかのように見立てることが私たちが生き延びるためには必要である、と。

話はそれでは終わらない。では、どうやって私的幻想を公道にみせかけるか。福沢はその政治技術論に進む。

私的幻想を公道に見せかける「大技」は平時には不要である。（「平時に在《あり》ては差《さ》したる艱難《かんなん》もなし」）それは国家危急存亡《ききゅうそんぼう》のときに繰り出すべきものである。

時勢の変遷に従て国の盛衰なきを得ず。その衰勢に及んではとても自家の地歩を維持するに足らず、廃滅の数すでに明《あきらか》なりといえども、なお万一の僥倖《ぎょうこう》を期して屈することを為さず、実際に力尽きて然る後に斃《たお》るるはこれまた人情の然らしむるところにして、その趣を喩《たと》えていえば、父母の大病に回復の望なしとは知りながらも、実際の臨終に至るまで医薬の手当を怠らざるがごとし。(…) 左れば自国の衰頽に際し、敵に対して固《もと》より勝算なき場合にても、千辛万苦、力のあらん限りを尽し、いよいよ勝敗の極に至りて始めて和を講ずるか、もしくは死を決するは立国の公道にして、国民が国に報ずるの義務と称すべきものなり。すなわち俗にいう瘠我慢なれども、強弱相対していやしくも弱者の地位を保つものは、単《ひとえ》にこの瘠我慢に依《よ》らざるはなし。啻《ただ》に戦争の勝敗のみに限らず、平生の国交際においても瘠我慢の一義は決してこれを忘るべからず。(…) 我慢能《よ》く国の栄誉を保つものというべし。(五二～五三頁)

国家は私情である。
瘠我慢はさらに私情である。

しかし、この私情の瘠我慢抜きには私情としての国家は成り立たない。

瘠我慢の一主義は固より人の私情に出《いず》ることにして、冷淡なる数理より論ずるときはほとんど児戯に等しといわるるも弁解に辞なきがごとくなれども、世界古今の実際において、所謂《いわゆる》国家なるものを目的に定めてこれを維持保存せんとする者は、この主義に由らざるはなし。(五四頁)

そして、話は王政復古。

勝海舟の江戸無血開城は数理の結論ではあるが人情に背反しているがゆえに、いずれ数理的にも失着であるとして福沢はこれに筆誅を加えるのである。

蓋《けだ》し勝氏輩の所見は内乱の戦争を以て無上の災害無益の労費と認め、味方に勝算なき限りは速《すみやか》に和して速に事を収るに若かずとの数理を信じたるものより外ならず。その口に説くところを聞けば主公の安危または外交の利害などいうといえども、その心術の底を叩《たたい》てこれを極むるときは彼の哲学流の一種にして、人事国事に瘠我慢は無益なりとて、古来日本国の上流社会にもっとも重んずるところの一大主義を曖昧模糊《あいまいもこ》の間に瞞着《まんちゃく》したる者なりと評して、これに答うる辞はなかるべし。（…）当時積弱の幕府に勝算なきは我輩も勝氏とともにこれを知るといえども、士風維持の一方より論ずるときは、国家存亡の危急に迫りて勝算の有無は言うべき限りにあらず。（五七頁）

そして、福沢は勝海舟にこう宣告を下す。

我日本国民に固有する瘠我慢の大主義を破り、以て立国の根本たる士気を弛《ゆる》めたるの罪は遁《のが》るべからず。一時の兵禍を免かれしめたると、万世の士気を傷つけたると、その功罪相償《つぐな》うべきや。（六一頁）

短期的なタームで観れば勝海舟の選択は正しい。けれども、「一時の兵禍」を免れた代償に、爾今《じこん》、日本人が「瘠我慢」の美風を捨てることになったとすれば、これは算盤に合わない。「瘠我慢」を放棄したことがいずれどれほどの国家的災厄を呼び寄せることになるか、私たちはこれから近代日本人の限りない「愚化俗化」というかたちで骨身にしみて経験することになるだろう。

福沢はそう言っている。

この論が生産的なのは、福沢と勝という二人の傑出したリアリストがどちらがよりリアリストかを競っているからである。どちらが正しいかではない。どちらの見通しが「妥当する範囲が広いか」を競っているのである。

ここでの賭け金は「計量的な正しさ」である。

「私が正しく、おまえは間違っている」ではなく「私は五一パーセントくらい正しく、君は四九パーセントくらい正しい。だから二パーセント分、私が正しい。さて、その二パーセントとは何かというと、君が見落としたファクターである……」という話をしているのである。

だから、この草稿を、「これを公刊するつもりだが、事実誤認ほか、訂正すべき箇所があればご教示願いたい」と福沢が勝に示したときに、勝はこう答えた。

従古《いにしえより》当路者古今一世之人物にあらざれば、衆賢之批評に当る者あらず。不計《はからず》も拙老先年之行為に於て御議論数百言御指摘、実に慙愧《ざんき》に不堪《たえず》、御深志忝《かたじけなく》存じ候。

むかしから政治の要路にいたもので、後世の史家の批評に堪えるほどの仕事をした人間は希である。自分のような鈍才の仕事の欠陥が指摘されるのは当然のことで、ごめんねと言うしかない。

行蔵は我に存す。毀誉は他人の主張。我に与《あず》からず我に関せずと存じ候。各人へ御示し御座候とも毛頭《もうとう》異存之無《これなく》候。御差越之《おさしこしの》御草稿は拝受いたし度《たく》、御許容可被下《くださるべく》候也。

出処進退はその人が自己決定することである。その成否や理非を論じるのは他人の仕事である。私が「私のことはこう評価してください」と他人にあれこれリクエストする筋のものではない。私への批判の文章、じゃんじゃん世間に発表してくださって結構。でも、戴いた草稿は（なかなか面白いし、私自身の反省材料にもなるから）このままくださいね。

ではね。

と勝手に現代語訳してしまったが、「行蔵は我に存す、毀誉は他人の主張」というこの「突っ張りぶり」を「瘠我慢」と言わずしてなんと言うべきか。福沢諭吉の「瘠我慢の一大主義をあんたはどこにやったんだ」という詰問に、勝海舟は一世一代の痩我慢を以て回答したわけである。

（二〇〇九年二月）

教育基本法と真の国益について

教育基本法が委員会を通過した。

これまで何度も申し上げたとおり、教育については国は口を出さない方がいいと私は思っている。

それは「国が教育に口を出さない方が私にとってよい」ということではなく、「国が教育に口を出さない方が国にとってよい」と思っているからである。

忘れてもらっては困るが、私は熱烈な愛国者であり、日本が住みよい国になって、日本国民がにこにこ幸福に暮らすことを切望する点において、私の愛国心を超える人間としては急に訊かれると村上龍くらいしか思いつかないくらいのパトリオットなのである。加えて、ガバナンスのコストをできるだけ削減したいと望んでいる点においては、おそらく日本国官僚のうちで私以上に計算高い人間を探すことはまずもって至難の業であろう。

その私が言うのだから、信じて欲しい。教育のことはそれぞれの教育現場で各自好きにやってもらうのがもっともコストパフォーマンスがよい。

公権力の介在は有害無益である。

教育を全国斉一的に管理する機関がなかった時代（つまり明治維新まで）、日本の教育はその当時の世界最高水準にあった。

幕末期における最高最強の教育機関といえば松下村塾であるが、これは吉田松陰の叔父の玉木文之進が、天保年間に長州萩城下松本村の自宅で開設したものである。それを松陰が引き継ぎ、その門下からは高杉晋作、久坂玄瑞、伊藤博文、山県有朋、前原一誠ら維新の中心人物が輩出した。

緒方洪庵の適塾も天保年間に開設された私塾である。ここに学んだ塾生六百人のうちに私たちは福沢諭吉、大村益次郎、佐野常民、橋本左内、大鳥圭介を数えることができる（『福翁自伝』を読むと、その狭さと暑苦しさにはちょっとうんざりするけど）。

千葉周作の玄武館は剣道の道場であるが、広義には「私塾」と呼んでよいであろう。玄武館からは坂本龍馬、清河八郎が出た（私の高祖父内田柳松も玄武館の門人であったし、あと、赤胴鈴之助もそうでしたね)。

これらの私塾が送り出した英傑たちの破天荒な活躍によって日本の近代化は成し遂げられた。その歴史的事実に異論を唱える与党議員も文部官僚もおそらく一人としていないであろう。

その上でお訊きしたいのだが、では近代日本史上もっとも成功した教育システムである「幕末の私塾」がなぜ放棄されて、明治の公教育システムが構築されたのか?

その理由を四百字以内で説明することができる与党政治家・文部官僚がいたら、ぜひお答え願いたい。

おや、お答えがないようだ。

そりゃそうだろう。

「幕末の私塾」が生み出したのが「回天の英傑」たちばかりだったからである。

そんなものにぞろぞろ輩出されたのでは近代国家のプロモーション・システムは立ちゆかない。

「政体を転倒するほどのスケールの大きい人間を作り出す教育システムはもう要らない」ということを暗黙の前提として、「国家須用の人材」を輩出すべく、明治以降近代の公教育システムは構築されたのである。

「須《すべか》らく用《もち》ふべし」というときの主語は「国家」である。「人材」はその目的語である。目的語には「国家はいかにあるべき」を議したり、「国家目的は何か」を論《あげつら》ったりする資格はない。すでにそこにある既存の国家のフレームワークの内側でいかに有用たるかを競うのが「国家須用の人材」というものである。

それは「平時標準」のエリートのことである。「晴天モデル」で有用な人々のことである。平たく言えば、「国家須用の人材」とは「小粒の人間」ということである。明治以来の日本の公教育システムは「人間の粒」を小さいスケールに整えることを主たる目的として運営されてきた。

私はそれが悪いと言っているのではない。国民ひとりひとりの人間的スケールよりも、ガバナビリティの方が優先するという政治的判断は「あり」である。平時においては、「荒天モデル」や「戦時標準」の人間は（ジョン・ランボーとか）しばしば有害無益のものである。私だってそれくらいのことはわかる。だから、明治以降、日本の公権力が教育制度を整備するに当たって、「回天の英傑」ではなく、「有能なイエスマン」たちを育てることを主としてきたことを誤りであったとは思っていない。ある歴史的条件下においては、それは適切な判断である。けれども、その「犯意」についてはぜひ自覚的でありたいと思う。

維新から百四十年、元勲たちの思惑どおり、日本人は限りなく「小粒」になった。たしかに「小さい粒」は管理しやすい。けれど、あまりに小さ過ぎて、管理の「網目」にもかからない国民たちがぞろぞろと生み出されてしまった。「小粒な人間」たちは国家システムに対しては一片の疑念も持たない。それは彼らが生まれる前からあり、死んだあとも存続するはずの「聖なる天蓋」である。だから、統治システムに対して彼らが不満げに口にする言葉は一種類しかない。

それは「国は私たちに何をしてくれるのか？」という問いである。国は私の権利をどう守ってくれるのか。私の利益をどう配慮してくれるのか。それが、彼らが国家に対して多少でも懐疑的になったときに発する唯一の文型である。

彼らは「私は国に対して何ができるのか？」ということを決して問わない。私は国家の安寧のために何ができるのか。国益の増大のためにどのような貢献をなしうるのか。そういう問いがありうるということ自体、彼らの念頭には浮かばない。彼らにとって、国家のためになしうる最大の貢献は「国は私たちのために何をしてくれるのか？」という「注文」のリストをできるだけ長いものにすることである。統治システムの不備をうるさく言い立てることである。自分に不都合な事態に遭遇したら、「責任者出てこい」と怒鳴ることである。

そのような態度は「注文を聴く人」、「システムの不備を指摘されたら、すぐに補修に走る人」、「『はい、私が責任者です』と言って、すべてを処理する人」がどこかにいるに違いないという素朴な信憑の上にはじめて成立する。

私はそれを「小粒な人間」と呼ぶのである。

繰り返し言うように、私はそれが「悪い」と言っているのではない。「小粒な人間」ばかりでも、「晴天」時にはシステム管理上のさしたる問題はない。けれども、「荒天」時にそんな人間ばかりでは困る。そして、私たちの国は今ゆっくりと、しかし確実に「荒天」状況の中に踏み込みつつある。この歴史的条件下で、今後も効果的な法治と通貨の安定と高い民度を維持しようと望むのなら、もう少し国民ひとりひとりの「粒」を大きくする方向に教育政策を補正した方が治国上よろしいのではないか。私はそうご提案しているのである。

今般の教育基本法改訂の目標は現行の教育基本法の第十条である。

第十条にはこう記してある。

教育は、不当な支配に服することなく、国民全体に対し直接に責任を負って行われるべきものである。

改訂論者たちはこの「不当な支配」という文言がお気に召さないらしい。「支配」する側にいる方たちが「不当な」という形容詞がお気に召さないのはよくわかる。しかし、戦後二年目にこの文言を起草した人々は「教育勅語」による管理教育がもたらした惨禍が骨身に沁みていた。だから、「できるだけ教育は国家が管理しない方がいい」という自制の言葉をみずからが制定した法律のうちに書き入れたのである。

私はこの経験的知見を重く見る。だが、この自制の言葉がお気に召さない方々が教育の国家管理を強化するために法律を改定しようとしている。それでよろしいのか。

繰り返し言うが、私は愛国者であり、かつたいへん計算高い人間である。その立場から、国民のうちに一定数の「大粒」の人間の出現が間歇《かんけつ》的にではあれ担保されるシステムの方が、そうでないシステムよりも国がクラッシュする危険が少ないだろうと考えている。

国民を育て上げるシステムはできるだけ斉一的でない方がシステム管理上安全である。できるだけ多様な能力を持った個体が、できるだけ多様な場で、できるだけ多様なしかたでその潜在能力を開花させるように教育システムを開放的に整えることが刻《こっ》下《か》の急務ではないか。国民たちを過度に標準化・規格化することは「システム管理上」危険ではないか。

そう申し上げているのである。

私は「みんな好きにやればいいんだよ、ピース」というような底の抜けた自由主義を説いているのではない。日本のシステムを一日でも長持ちさせたいのであれば、本気でシステム管理上の安全を考えた方がよい、と申し上げているだけである。

（二〇〇六年一月）

柴五郎のこと

あけましておめでとうございます。本年もどうぞよろしくお願い申し上げます。

五十七回目の新年である。よく、ここまで死病にも取りつかれず、事故にも遭わず、戦乱や暴動にも遭遇せず、飢餓も悪疫も避けて、生き延びてこられたものである。

地球上六十億人類同胞の中で、私のような平坦な人生を生きられた幸運な個体はおそらく全体の五パーセントにも満たないであろう。

いまこの瞬間も世界のあちこちで戦争は続いており、飢餓や病で苦しむ人、貧困や圧制に苦しむ人は数億人を超える。

自分が今こうして屋根のある家で、暖かい布団にくるまって、満ち足りた眠りを享受できること、朝起きると温かい食事が供されることがどれほど貴重なことか、私たちはそのことを忘れがちだ。

そんなことを考えたのは、柴五郎が少年時代を回想した『ある明治人の記録』（石光真人編著、中公新書、一九七一）を読んだせいである。

柴五郎のことには『街場の中国論』で少し触れたことがある。義和団事件のことに論及した中で、当時の日本陸軍のモラルが世界標準からも卓越していたことを紹介した。

その当時の日本陸軍はまだ「武士的エートス」に領された集団だった。それを人格的に体現していたのが指揮官の柴五郎中佐である。

柴五郎は「賊軍」会津の出身でありながら陸軍大将になった硬骨の軍人である。その少年時代を回想した自伝が新書に採録されている。

会津藩滅亡のことを晩年の柴はこう書いている。

過ぎてはや久しきこととなるかな、七十有余年の昔なり。郷土会津にありて余が十歳のおり、幕府すでに大政奉還を奏上し、藩公また京都守護職を辞して、会津城下に謹慎せらる。新しき時代の静かに開かるると教えられしに、いかなることのありしか、子供心にわからぬまま、朝敵よ賊軍よと汚名を着せられ、会津藩民言語に絶する狼藉《ろうぜき》を被《こうむ》りたること、脳裡に刻まれて消えず。

戦いに敗れた会津藩士たちは俘虜《ふりょ》として東京に送られ、柴五郎少年もその捕囚の群れに投じられる。その後、会津藩六十七万石は下北半島の恐山山麓の斗南藩三万石に移封される。

「藩士一同感泣してこれを受け、将来に希望を託す」のだが、新領地は実高わずか七千石。柴五郎とその父、兄嫁は極寒の下北半島で絶望的な冬を過ごすことになる。

落城後、俘虜となり、下北半島火山灰地に移封されてのちは、着のみ着のまま、日々の糧にも窮し、伏するに褥《しとね》なく、耕すに鍬《くわ》なく、まこと乞食にも劣る有様にて、草の根を噛み、氷点下二十度の寒風に蓆《むしろ》を張りて生きながらえし辛酸の歳月、いつしか歴史の流れに消え失せて、いまは知る人もまれとなれり。（同書、七～八頁）

柴少年は必死の手立てを尽くしてこの絶望的境涯から脱して、陸軍幼年学校に入り、やがて陸軍士官学校に進み、輝かしい軍歴を重ねてゆくことになるのだが、薩長中心に書かれた明治維新史の裏面には、記録に残されなかった「敗残の兵士たち」の絶望と痛みがある。

子母澤寛は、函館の戦いに敗れた後、北海道にとどまり漁師となった彰義隊隊士・祖父斎藤鉄五郎の懐旧談を聞いて育った。新撰組をはじめとする「敗残の兵士たち」への彼の愛惜は、正史から切り捨てられた「敗残者」の側から見た近代日本への異議申し立てでもある。

子母澤寛や藤沢周平の時代小説にはこの薩長に蹂躙《じゅうりん》され、明治日本の日の当たる場所から遠ざけられ続けた東北諸藩の積年の怨念のようなものがにじんでいる（その点が関西人である司馬遼太郎とは微妙に違う。司馬はフェアな筆致で敗残者を描くが、そのルサンチマンに共感しているわけではない）。

私は藤沢周平と同じく、戊辰戦争で負けた庄内藩士、旧新徴組隊士の末裔《まつえい》であり、祖母の父は白虎隊の生き残りの会津藩士であったから、私の中には「賊軍」の血が脈々と流れている。だから柴五郎の感懐は私にとって決して「ひとごと」ではない。それは私の三代前四代前の父祖たちの実体験である。

私は彼らに対する感謝を忘れてはいけないと思う。私たちが今このような平和と繁栄を享受できているのは、絶望的な境涯の中で必死に生き延びようとした彼ら先人たちの孜々《しし》たる努力の成果を今私たちが受給しているからである。だが、私たち自身は次世代のために、そのさらに次の世代のために、かれらが享受できるようなものを残すために何か努力をしていると言えるだろうか。柴五郎翁の少年期の回想録を読みながら、そんなことを考えた。

（二〇〇七年一月）

坂本龍馬フィーヴァー

朝刊を開いたら、一面の下の書籍広告がぜんぶ坂本龍馬関係の書籍だった。書店に行っても坂本龍馬関係の本ばかりがずらりと並んでいる。

私たちの国では、システムや価値観のシフトが時代の趨勢としてやみがたいという雰囲気になると、ひとびとは幕末に眼を向ける。地殻変動的な激動に対応した成功例として、私たちが帰趨《きすう》的に参照できるものを明治維新のほかに持たないからである。日本人がある程度明確な「国家プラン」をもって集団的に思考し、行動した経験は維新前夜だけである。それはアメリカ人が社会的激動に遭遇するたびに「建国の父たち（Founding Fathers）」を想起するのと似た心理機制なのかも知れない。

司馬遼太郎によると、坂本龍馬の名前はひとにぎりの旧志士たちのあいだでこそ知られていたが、明治中期にはもうほとんど忘れ去られていたそうである。それが国民的な知名度を得たのは、日露戦争前夜の一九〇四年、皇后の夢枕に白衣の武士が立ち、来るべき戦争における日本海軍の守護を約したという「事件」があったせいである。

夢に出てきた侍の容貌が細部に至るまであまりにはっきりしていたため、皇后がそれを侍臣に徴《ちょう》したところ、当時伯爵になっていた田中光顕《みつあき》が「それは坂本龍馬です」と答えたとされている。

田中は旧土佐藩士、武市《たけち》瑞山《ずいさん》の門人だった人である。龍馬が京都の近江屋で遭難したとき、いちはやく現場に駆けつけ、坂本龍馬と中岡慎太郎の死に立ち会った。

このオカルト的エピソードが新聞に掲載されて、龍馬は一躍「日本海軍の守護神」という神格を獲得した。

どこにどういう作為があったのか、今となっては知る術もない。

だが、日露戦争前夜という国家的危機に遭遇したとき、「坂本龍馬」というアイコンが幻想的な国民の統合軸として選択されたということに違いはない。

この選択はおそらく無意識的なものであったはずである（他人の夢の中に出てきた人の容貌を聞いて人間が特定できるはずがない）。けれども、そのような無意識的な選択が、国民的熱狂を引き起こしたということは、その人選がただしく当時の日本人の琴線《きんせん》に触れたと理解すべきであろう。

私たちが現在有している坂本龍馬像はその大部分が司馬遼太郎が『竜馬がゆく』で造型したものである。けれども、これを司馬の「創作」とすることに私は微妙な違和感を覚える。

司馬遼太郎は実にさまざまな幕末の人物を列伝的に描いた（西郷隆盛、大久保利通、高杉晋作、近藤勇、土方歳三、沖田総司、村田蔵六、山岡鐵舟、清河八郎、以下無数）が、司馬「竜馬」ほど生き生きと描かれた人物は他にいない。

それは司馬遼太郎自身がこの人を日本人が危機のときに帰趨的に参照すべき「日本人の原点」としようと願って「竜馬」を造型したからだと私は思う。そして、そのような種類の「願い」は司馬が描くほかの幕末人士のうちには見ることができない。司馬の作品中では、西郷隆盛も高杉晋作も土方歳三も十分魅力的に描かれてはいるが、その人間的欠点まで含めてあますところなく「愛すべき」人物として描かれたのは坂本「竜馬」ひとりである。この「えこひいき」のうちに、私は小説家の作為よりはむしろ、田中光顕と同じ種類の「国民的願望」の投影を見るのである。

坂本龍馬が「ほんとうは」どういう人だったのかということには歴史＝物語的にはそれに副次的な重要性しかない。私たちが自分たちの国民的アイデンティティとして、それに基づいて思考し、行動するのはいつだって「歴史的事実」そのものではなく、「歴史的事実として選択された『物語』」だからである。「ほんとうは何があったのか」を知ることよりもむしろ、「『ほんとうは何があった』ことに私たちがしたがっているか」を知ることのほうが重要なのである。

坂本龍馬は私たちが「近代日本人の原点」として、国民的な合意に基づいて選択したアイコンである。

私はこれを「賢い選択」だったと思っている。

近代日本人がなしたロールモデル選択のうちで、もしかするといちばん賢明な選択だったのではないかとさえ思っている。

（二〇一〇年一月）

A新聞から電話取材で「六八年」の総括。

そういえば、このところ「全共闘運動とは何だったのか?」というようなことをときどき訊ねられる。三月ほど前に、『週刊昭和』という雑誌の「一九六八年号」にも同様の趣旨での寄稿を求められた。団塊の世代の元・活動家たちは個人的な「物語」を回想しがちであるが、私はむしろそのような「物語」を集団的に賦活させた「文脈」の方に興味があったので、そのことを書いた。以下にそれを録する。

全共闘運動が日本をどう変えたのか、というのが私に与えられた論題であるけれど、この問いに対する私の答えは「日本は変わらなかった」というものである。あれだけのエネルギーと少なからぬ犠牲者を出しながら、この政治運動は公共的な「よきもの」をほとんど日本社会に贈ることなく姿を消した。しかし、ではどうして「日本を変えない」運動があれほどの動員力と熱狂を産み出し得たのか。それを説明しなければならない。

養老孟司は東大闘争のとき、御殿下グラウンドに「竹槍」を持って整列した数百の全共闘の学生たちの姿を見たとき、強い「既視感」を覚えたと書いている。この「既視感」という言葉はことの本質を正しくとらえていると思う。全共闘の学生たちは丸山眞男の研究室に乱入して、「ナチスも日本軍部もしなかった」乱暴狼藉《ろうぜき》を働いた。丸山はたしかにその言葉によって、終戦のときに完全にその死を確認したはずの「前近代」が装いを変えて再登場したことを（絶望的な感懐とともに）言おうとしたのだと思う。

この運動の本質を同時代でもっともただしく見抜いていた吉本隆明の印象深い言葉を借りて言えば、全共闘運動は「上昇型インテリゲンチャ」の「モデルニスムス」を一蹴するために歴史に要請されて登場した「日本封建性の優性遺伝因子」の何度目かのアヴァター（変身）だった。

知られている通り、吉本の戦後の仕事は日本共産党の指導者の獄中転向の研究から始まった。なぜ、彼らはあれほど簡単にマルクス主義を捨てて、天皇主義や仏教に帰依してしまったのか。その理由について吉本はこう書いている。

このマルクス主義者たちは「わが後進インテリゲンチャ（例えば外国文学者）とおなじ水準で、西欧の政治思想や知識にとびつくにつれて、日本的小情況を侮り、モデルニスムスぶっている、田舎インテリにすぎなかった」。転向とは「この田舎インテリが、ギリギリのところまで封建制から追いつめられ、孤立したとき、侮りつくし、離脱したとしんじた日本的な小情況から、ふたたび足をすくわれたということに外ならなかったのではないか。」（『転向論』）

全共闘運動は敗戦後「民主主義と科学主義」を掲げた戦後日本人が「そこから離脱したと信じた日本的小情況」のバックラッシュであった。戦後日本の「後進インテリゲンチャ」たちは、その直前まで全国民を巻き込んで、無数の死者を出した政治的幻想とその罪を、おのれ自身の問題として受け止めることを拒んだ。それはいくたりかのデマゴーグや軍人たちの罪であり、「戦争犯罪人」たちに罪のすべてをかぶせて追い払えば、国民的「浄化」は完了すると思われた。けれども、戦後日本人が追い払ったはずの「穢《けが》れたもの」は一世代のインターバルを置いて戻ってきた（まるで父殺しを犯した男に生まれた息子が殺した父親に生き写しであったように）。それは戦争責任から無傷で遁《のが》れようとした先行世代に罰を与えるために回帰したのである。

全共闘運動はマルクス主義政治運動の形態を借りてはいたが、「科学的社会主義」とは無縁であった。私が知る限り、この運動の中で、「科学性」や「推論の適切さ」が配慮されたことはなかった。学生たちを駆動したのは「肉体」であり「情念」であり、冒険的で行動を可能にするのは「断固たる決意」であった。

全共闘運動は日本人に罰を与えて、消えた。しかし、それは私たちが「日本的小情況」を侮るたびに、別のかたちをとって甦《よみがえ》るだろうと私は思っている。

大筋は「昭和人論」に書いたことと変わらない。ただ、これに付け加えておかなければならないのは、「アメリカ」というファクターである。明治維新以来、日本の若者が「熱く」なるのは「ナショナリズム」（それも「アメリカがらみ」）と相場が決まっている。

明治維新を駆動したのは一八五三年のペリーの黒船による「砲艦外交」である。そのあと日本は西洋の文物制度を導入して、近代化してしまったので、「攘夷《じょうい》」の情念は「尊王《そんのう》」の方に吸収されて消えてしまったように思っている方がいるかもしれないが、そんなことはない。日本人が「熱く」なるのはいつでも「攘夷的ナショナリズム」によってである。

日清戦争以来の日本のアジア侵略は別にアジア隣国を憎み、これを収奪せんとしていたからではない。植民地化されているアジア諸国を統合し、近代化された軍隊によって「攘夷」を果たさなければならないというのは、幕末以来のグランドデザインである（最初にこのアイディアをぶちあげたのは他ならぬ坂本龍馬である）。

私たちは日本軍というのをうっかり政府が政治的にコントロールしている「近代的

暴力装置」だと思っているが、陸軍は実際にはひさしく「長州藩閥」が私物化していたのである。彼らが軍を私物化できたのは、「グランドデザイン」を正しく理解し、継承しているのは自分たち「志士の直系」だけだという強烈な選良意識がみなぎっていたからである。長州の根本的メンタリティはずっと「尊王攘夷」である。敗戦で「尊王攘夷」はいったん沈静化したが、六〇年安保闘争で「反米ナショナリズム」として復活した。それが六〇年代の高度成長の中にのみこまれる。

日本人は「パイが拡大しているときは、ナショナリズムを忘れる」という根本的趨勢がある。そして、パイが縮み始めると、すぐに「尊王攘夷」が出てくる。六八年が「わかりにくい」のはパイが拡大して、人々が都市文化を享受し、その中でも若者たちのサブカルチャーがかつてなく主導的になった時代に「反米ナショナリズム」が亢進したことの「つじつまが合わない」からである。

六八年のナショナリズムに火を点けたのは「ベトナム」である。

インドシナの水田を焼くナパーム弾など世界最強の軍事大国の世界最先端のテクノロジーと前近代的な兵器で戦うベトナムの農民たちのうちに、私たちは「ペリーの黒船を撃ち払う志士たち」や「本土決戦」の（果たされなかった）幻を見たのである。

私たち日本人が出来なかったことを貧しいアジアの小国の人々が現に実行している。

その日本人はベトナム戦争の後方基地を提供し、その軍需で潤っていた（朝鮮戦争のときもそうだった。私たちはアジアの同胞の血で経済成長を購ったのである）。その「恥」の感覚が一九六八年の学生たちの闘争の本質的な動機だったと私は思っている。

先の文章でも書いたように、全共闘運動の目的は「日本を破壊すること」であった。「こんなろくでもない国はなくなった方がいいんだ」というようなすてばちな気分が一九六八年の若者たちにはあった。

学費値上げ反対とか、学生会館の管理反対とかいうのは単なる「いいがかり」である。学生たちはアジアの同胞たちが「竹槍」で米軍と戦っているときに、自分たちがぬくぬくと都市的快楽を享受していることを「志士の末裔」として恥じたのである。

六〇年代末の学生運動のもっとも印象深い戦いは「佐世保闘争」と「羽田闘争」であるが、これは「開国」した港湾に寄港した「アメリカの軍艦」と「アメリカの飛行機」を「ゲバ棒＝竹槍」で追い返すというきわめてシアトリカルなものであった。

ゲバ棒というのは若い人はご存じないであろうが、芝居の大道具などにつかう軽量でへろへろで簡単に折れる材木である。どうしてあのような実効性のまったくない「武器」を学生たちが採用したかというと、それはまさに「実効性がない武器で戦う」というところに「竹槍性」の本質があったからである。へなちょこなゲバ棒でジユラルミンの盾と警棒で武装した機動隊と戦うときにはじめて「ベトナムの農民との連帯」が幻想的に成立したのである。そして機動隊に蹴散らされて、血まみれになるときにはじめてアジア人としての恥の感覚が少しだけ軽減したのである。

あの運動を「何かを建設する」ためのものであるとか、「何か有害なものを破壊する」ためのものであるというふうに合理的に捉えようとする試みを、若い世代の社会学者たちが始めているようだが、たぶんうまくゆかないと思う。一九六八年の運動の本質は「攘夷を果たすことのできなかった志士たちの末裔による自己処罰の劇」にあると私は思っている。だから、全共闘運動が最終的には官憲の手を煩わせるまでもなく、「内ゲバ」という互いに喉笛を掻き切り合うような「相対死《あいたいじに》」のかたちで終熄《しゅうそく》したのは「自罰のプロセス」としては当然だとも言えるのである。

それは幻想的な準位で演じられた「尊王攘夷」の集合的無意識のドラマであり、そのような情念が無意識に伏流していることを私たち自身が意識化することがなければ、これからあとも症状として繰り返し回帰するはずである。

（二〇〇八年一一月）

第五章　二十一世紀的海国兵談

ナショナリストとパトリオット

河合塾での講演のあと、廊下でひとりの予備校生から、ナショナリズムについて質問された。たぶん、彼の周囲でもナショナリスティックな言動をする若い人たちが増えてきており、それに対してどういうスタンスを取るべきか決めかねているのだろう。

若者がナショナリズムに惹きつけられる理由はわかりやすい。

それは帰属する集団がないからである。

人間は帰属する集団があり、そこで他者と共生し、協働し、必要とされ、ゆたかな敬意と愛情を享受していれば、パトリオットにはなっても、ナショナリストにはならない。

パトリオットは自分がその集団に帰属していることを喜び、その集団を律している規範、その集団を形成した人々を愛し、敬しており、その一員であることを誇り、感謝している。

ナショナリストはそうではない。

彼はどのような集団にもそのような仕方では帰属していない。

彼は自分がさしあたり所属している集団について（それが家族であっても学校であっても、会社であっても）「ここは私がいるべき場所ではない」というひそかな不安と不満を感じている。彼らはその集団を律している規範も、その集団の存在理由もうまく理解できず、他の成員たちに対して、敬意や愛情を感じることができない。むろん、他の成員たちから敬意を抱かれ、愛され、「私たちの集団が存立してゆくためには、どうしてもあなたがいることが必要だ」と懇請されることもない。

そういう人間でも、どこかに帰属していない限り、生きてゆくことは苦しい。

その場合、「ナショナリストになる」というのはひとつの選択肢である。ナショナルな政治単位に帰属することについては要求される資格が何もないからである。「国民国家」というような巨大な規模の集団に帰属する場合、ナショナリスト個人に求められるものは自己申告以外に何もないのである。

ゼロ。

ナショナリストにはどのような義務もない。好きなときに、好きな場所で、好きな人間を相手に、気が向いたら、人はナショナリストになることができる。

私はナショナリストだ。私は日本人だ。私はナショナリストになることができる。日本の国益を脅かすもの、日本人の誇りを踏みにじるものを私は許さない。日本の国益をあらゆるものに優先させるなどということをぺらぺら言い立てることができる。

その代償として要求されるものは、繰り返し言うが、ゼロである。

真正のナショナリストであることを証明するために「今、ここ」でできることは何もないからである。

ナショナリストは国際関係について熟知している必要がない（アメリカ大統領の名前を知らなくても問題ない）、もちろん外交内政についても、歴史についても（政治思想史についてさえ）、無知であることはナショナリストの名乗りにいささかも抵触しない。むしろ、そのような外形的知識の裏づけなしに「いきなりナショナリスト」でありうることの動機の純正さが尊ばれるのである。

一方、ナショナリストはしばしば「自分が知っていること」は「すべての日本人が知らなければならないこと」であるという不当前提を採用する。だから、論争においてほとんど無敵である。

彼らの論争術上のきわだった特徴は、あまり知る人のない数値や固有名詞を無文脈的に出してくることである（「ノモンハンにおける兵力損耗率をお前は知っているか」とか「一九五〇年代における日教組の組織率をお前は知っているか」「北朝鮮の政治犯収容所の収容者数を知っているか」とか）。それに、「さあ、知らないな」と応じると、「そんなことも知らない人間に××問題について語る資格はない」という結論にいきなり導かれるのである。これはきわめて知的負荷の少ない「論争」術であるが、合意形成や多数派形成のためには何の役にも立たない。

もう一つ大きな特徴は、ナショナリストにはその立場を証明するための直接行動が要求されないということである。

家庭や会社でそれなりの敬意を得るためには、具体的な行動によって集団に貢献することが要求されるが、ナショナリストは「領土問題」とか「外交問題」とか「防衛計画」とか、ほんらい政府が専管する事項を問題にしているので、個人としてはできることが何もないのである。ナショナリストは「日本人全体」と幻想的な集団を形成しており、そのような幻想的な集団の中では、誰も彼に具体的な仕事を命じないし、誰もその貢献を査定しない。

だから、ナショナリストは誰からも文句を言われない。というように、ナショナリストであることは行使できる権利に対して義務負荷がきわめて少ないのである。

ひさしく消費社会の中でその社会感覚を研ぎ澄ましてきた若者たちが、商取引のスキームに準拠して、「もっとも権利が多く、義務が少ない」ナショナリスト・オプションを選好するのはだから怪しむに足りないのである。

グローバル資本主義の爛熟《らんじゅく》の中で、ナショナリストの若者が組織的に生まれるのはそのような理路による。

パトリオットというのは、その逆の行程をたどる。

パトリオットは自分が今いる場所を愛し、自分が現に帰属している集団のパフォーマンスを高めることを配慮し、隣人たちに敬意をもって接し、今自分に与えられている職務を粛々と果たすことをおのれに課す。そのような「場所」や「集団」や「隣人」たちの数を算術的に加算してゆくことを通じて、やがて「国民国家」にまで（理論的にはそのあとは「国際社会」まで、最後には「万有」に至るまで）「私の帰属する集団」を拡大してゆくことをめざすのがパトリオットである。

若い人たちにはできることならパトリオットをめざしていただきたいものだと思う。

（二〇〇九年七月）

負ける作法とその嗜み

今日は木曜日だと思っていたら、金曜日だった。一日スキップしてしまったらしい。

つまり、「前日および翌日と見分けがたい（がゆえに消失してしまった）一日」というのがこの三日間の間にとりあえず一日あったということである。

It's just another day.

すばらしい。

代わり映えのしない日。

それこそが私が夢にまで見た夏休みである。

しかし、それも今日で終わりである（わずか三日で終わってしまった……）。

今日は終戦記念日である。

『秋刀魚の味』のトリスバーでのラスト近くの対話を思い出す。

娘（岩下志麻）の結婚式の夜、友人たち（中村伸郎、北竜二）と別れて、ひとりでバーに立ち寄った平山（笠智衆）に岸田今日子のママが「あれ、かけます？」と坂本（加東大介）の好きな軍艦マーチのリクエストを促す。

平山が黙って微笑むと、軍艦マーチが鳴り響く。カウンターのサラリーマンの一人（須賀不二男）がラジオのアナウンスを真似て「大本営発表」と呟く。すると、その隣で一人で飲んでいたサラリーマンが「帝国海軍は今暁五時三十分、南鳥島東方海上において」と続ける。

それを須賀不二男が「負けました」と遮る。

「そうです。負けました」

二人はそのまま正面に向き直って、穏やかな顔でウイスキーのグラスを干す。この場面は映画の前半で、最初に平山と坂本がトリスバーで交わす次のような会話と対称をなしている。

坂本「けど艦長、これでもし日本が勝ってたらどうなってたでしょうね」
平山「さあ、ねえ」
坂本「勝ったら艦長、今頃はあんたも私もニューヨークだよ。パチンコ屋じゃありませんよ。ほんとのニューヨーク、アメリカの」

平山「そうかね」
坂本「そうですよ。負けたから、今のわけえ奴ら、向こうの真似しやがって、尻《けつ》ふって踊ってやすけどね。これが勝ってて御覧なさい、勝ってて。目玉の青い奴らが、丸髷かなんか結っちゃって、チューインガム嚙み嚙み、三味線弾いてますよ。ざまあみろってんだ」
平山「けど、負けてよかったじゃないか」
坂本「そうですかね。うん。そうかもしんねえな。バカな野郎が威張らなくなっただけでもね」

私が子どもの頃、大人たちの会話には、「戦争に負けたんだから」という言葉が実にしばしば登場した。生活の不如意《ふにょい》も、行政の不手際も、文化の貧しさも、人心の荒廃も、あらゆることは「戦争に負けたんだからしかたがない」という言葉で説明された。「戦争に負けた」というのは一九五〇年代末までは、日本の「現在」を説明し、それ以上の議論を打ち切る「マジックワード」だったのである。

そして、おそらく当今の政治家や政治学者たちは誰も記憶していない（か、忘れたふりをしている）が、映画の中で笠智衆が口にする「負けてよかった」というのも、大人たちの口からしばしば漏れることのある言葉であった。その当時のサラリーマンたち（彼らの多くは一銭五厘の兵隊として、その十年前までは戦場にいた）の多くは、酒盃を重ねて、ふと気が緩むことがあると、安堵のため息を吐きつつそう言った。

私はその言葉を何度も聴いた記憶がある。

私がこういうことを書くと、激昂《げきこう》する人がいるだろう。

けれども、日本人がこの半世紀で失ったいちばん大きな社会的能力は「負ける」作法とたしなみだと私は思っている。

学校教育でも家庭教育でも「適切な負け方」については誰も教えない。人々は「勝つ」ことだけを目的にしている。どうやって勝つかというノウハウについては膨大《ぼうだい》な書物が刊行され、人々はそれを貪るように読んでいる。

けれども、私たちは勝ち続けることはできない。

日常的な出来事（恋愛とか受験とか就職とか起業とか）の場合、私たちの人生における「ここ一番」の勝率はまず一割台というところである。それどころか、「生き死に」がかかったもっとも深刻な勝負についての私たちの生涯勝率はゼロである。

私たちは必ず死ぬからである。

「病む」ことや「老いる」こととも戦っている人がいるが、残念ながら、その勝率もゼロである。

「永遠の健康」も「永遠の若さ」も私たちは手に入れることができない。ならば、勝ち方を研究するよりは、負けることからどれだけ多くの「よきもの」を引き出すかに発想を転換した方がいいと私は思う。

「勝たなくてもいいじゃないか」「負けてよかったじゃないか」という言葉を私たちはもうほとんど耳にすることがない。

けれども、日本人が勝つことにしか価値を見出さず、敗者には何も与えないというルールを採用したことで以前より幸福になったように私には思われないのである。

（二〇〇八年八月）

「あの国」のやるべきことは

イラク特措法をめぐっていろいろな議論がなされている。

「テロのない平和な世界」を望むことについては（武器メーカーと武器商人を除いて）世界中これに反対する人はいない。問題は「テロのない平和な世界」を実現するためにどのような方法を採用すべきかについての国際的合意が存在しないということである。

現在日本政府が採用している「平和への道」はアメリカの対テロ軍事行動を支援するというものである。

この軍事行動が対テロ対策として成功しているのかどうかは判定がむずかしい。だが、現在のアフガンやイラクの国内状態を見て、これが「軍事行動以外のどのオプションを採択した場合よりも世界平和に効果的に貢献した」という判断に与する人は多くないであろう。

少なくとも私はしない。理由はテロリストを「国民国家の構成員」に同定し、その「テロリスト国家」を攻撃し、「反テロリスト的政府」を支援して「国土」を実効支配する戦略を対テロ軍事行動の根幹とするという発想そのものが間違っているからである。

現代のテロリストたちには固定した領土もないし、権力や情報がそこに集中している首都もないし、巨大な行政組織もないし、護るべき国民もいない。だから、テロリストを相手に古典的な意味での「戦争」をしかけることはできない。

過去に国際社会がテロ活動を軍事行動や経済制裁で効果的に抑制しえた例があるだろうか。私にはリビアくらいしか思いつかない。だが、リビアは地理的に釘付けにされた古典的な意味での国民国家である。リビアや北朝鮮相手にする場合と同じ軍略は変幻自在のトランス・ボーダー・テロリスト相手には通じないと思う（現に通じていない）。

私は対テロのためにはまったく別の方法を案出すべきだと思っている。

その方法は国内でのテロ活動の頻発を効果的に抑止することに現に成功している国に学ぶのが合理的であろう。

さて、民主主義の発達した先進国中で、国内でのテロの抑止にほぼ完全に成功している国というと、誰もが思いつくのはどこであろうか。

これは考えるまでもない。「水と安全がただ」の「あの国」である。

「あの国」はこのごろ外国からの観光客が年々増えている。スキー場も温泉宿も海外からの旅行客でにぎわっているし、外国資本による国内リゾート地の買占めも着々と進行している。理由を訊くと「この国は清潔だし、サービスがいいし、銃器を携行する人間がいないし、地下鉄車内で居眠りをしていてもかばんが盗まれないし、第一テロの心配がない。そんな国、他にありますか？」とのことである。

なるほど。

「あの国」のテロ抑止実績に対する国際的評価はずいぶん高い。

その成功の理由は「陸海空軍を持たない。交戦権は持たない」と謳《うた》った憲法にある。その憲法が「あの国」をテロリストにとってさえ「安全な国」たらしめているのである。

たしかに「あの国」はテロ活動に対して無防備である。歴戦のテロリストであれば、「あの国」の首都機能を麻痺させ、経済活動を混乱させ、国民を不安のうちに叩き込むことは容易であろう。

けれども、これまでのところテロ活動は行われていない。

なぜか。

それはテロ活動を行うことによってテロリストが期待できる「利益」と、しないことによって現に確保されている「利益」を考量したときに、後者の方が大であると彼らが判断しているからである。

「あの国」に今テロを仕掛けることは容易である。

だが、それをした場合に「あの国」の国民の圧倒的多数は「交戦権の放棄」を謳った憲法を棄て、増税を受け容れ、軍備の増強に全国力を傾注し、テロリストとの平和的交渉を支持する言論を圧殺し、対テロリスト報復に国民が打って一丸となる「復讐国家」となる道を選ぶことが確実だからである。

「あの国」のかつての自暴自棄な戦いぶりを記憶している人々であれば、被害者意識にエネルギーを備給されたイデオロギー的熱狂が「あの国」の人々をどれほど無思慮で危険な存在にするか容易に想像できるはずである。「あの国」をアメリカでさえ逡巡するような冒険主義的な「対テロ活動」を展開する軍国主義国家にすることから利益を得るものは国際社会には存在しない。

「あの国」の憲法九条は、それ自体は国際政治上ほとんど無意味な空文である。けれども、その「空文」である憲法九条がテロを経験したことによって廃されることは現実的な意味を持っている。

異常に均質的で、異常に付和雷同的な国民性格をもった「あの国」の人々が先端的な軍事テクノロジーとイデオロギー的統合で武装した場合、彼らは間違いなく世界にとっての災厄となるはずだからである。

テロリストたちが「あの国」を襲わないのは、「あの国」に対するテロがさしあたり「赤子の手をひねるほどに簡単」であるにもかかわらず、その結果はテロリストたちが予期しえぬレベルの危険をもたらす可能性があることを何となく感じているからである。「あの国」に対するテロは得るものが少なく、失うものが多い。

しかし、この合理的な計算にもとづく抑制は「あの国」がテロリストたちに対して現に軍事的な「脅威」となった場合にはもう効かない。人は「いまそこにある危機」を回避するためにならば「将来高い確率で予測される脅威」をすぐに勘定に入れ忘れる生き物だからである。そして、テロリストの推論の合理性を信じるには限度がある（かなり低めに設定しておいたほうがいい）。

「あの国」がアメリカに追随しての対テロ戦略を展開し続けた場合、そのコミットメントがある閾値（それがどのへんにあるか確実に予測できる人間はどこにもいない）を超えたところで、テロリストは標的リストのうちに「あの国」を加えるだろう。そのとき、「世界にとっての災厄」のトリガーを短慮なテロリストが引く蓋然性が迫り上がってくる。

そのような事態はぜひ避けた方がよいと私は思っている。

「あの国」では今、対テロ新法の制定をめぐって、「一国平和主義に満足していて、国際社会に顔向けができるのか」という「体面論」が幅を利かせている。

「一国平和主義」というのは興味深い言葉である。

「一国平和主義」の対概念は何であろうか？　「世界戦争主義」か、それとも「世界平和主義」か。

もしその語が「一国だけが平和のうちに安んじているわけにはゆかない」という倫

理的責務を意味するのなら、それに続くのは論理的には「わが国も戦争状態の苦しみを他国とわかちあおう」というセンテンスしかない。

だが、「一国平和主義」が「とりあえず世界の一隅に平和を享受している希有なエリアが存在する」という意味であるなら、それに続くセンテンスは「他の国もわが国のように平和を享受したらどうですか?」となるはずである。

世界の一隅に奇跡的に「安全と水がただ」の国がある。それは六十二年にわたる先人の努力の成果である。

少なくとも一国において平和は実現した。ならば、そのような奇跡的な「一隅」を少しずつでも周辺に拡大することがその国の世界史的使命ではないのか。

そのような「一隅」で特権的に平和を享受することは「国際社会の笑いもの」になるから、そこも他と同じように絶えずテロに怯える場所になるほうが「フェア」であるというのはずいぶんねじれた発想のように私には思われる。

だが、いまメディアの紙面にはそのようないささかヒステリックで自虐的な文言が横行しているように思われる。

「あの国」の将来のために、いささかの危惧を覚えたのでここに贅言《ぜいげん》を記すのである。

（二〇〇七年一〇月）

豊臣秀吉の幻想

大学院のゼミ。本日のお題は「韓国と日本」。

日韓問題はたいへんむずかしい問題である。

あらゆるむずかしい問題がそうであるように、この問題がたいへんにむずかしいのは「日韓問題については、最適解があり、私はそれを知っている」と主張する人たちが複数いて、かつ彼らのあいだで合意形成ができていないからである。

通常、このような場合には「それらはどれも『最適解』ではない」と判断する方が生産的である。そうすると問題の次数を一つ上げることができるからである。

「なぜ、日韓問題については当事者全員が合意できる『最適解』が存在しないのか？」

この問いについてなら、とりあえず対立している立場のあいだでも冷静に意見交換できる可能性がある（「可能性がある」だけで、もちろん「やってみたらやっぱり泥仕合」という可能性もあるが）。

まあ、やらないよりはまし……くらいの期待度で、その「なぜ」についてゼミで考えてみる。

「なぜ、日韓問題については当事者全員が合意できる『最適解』が存在しないのか？」

私の意見を申し上げる。

その一因は「日本」と「韓国」という現存する国民国家の枠組みを過去に投影して歴史問題を論じているからだ、というものである。

過去の出来事のうちには「過去の時点」に立ち戻ってみないと、その意味がわからないものがある。そういうものについては、今・ここ・私を「歴史的進化の達成点」とみなし、そこから逆照明して解釈することは適当ではない。今の私たちにはうまく理解できないものが、過去の人々のリアルタイムの現場においては合理的かつ適切なふるまいだと思われていたということはありうる。それを現在の基準に照らして「狂気」とか「野蛮」とかくくってもあまり生産的ではない。

というのは「狂気」や「野蛮」というタグをつけて放置されたものはなかなか「死なない」からである。「正しく名づけられなかったもの」は墓場から甦ってくる可能性がある。

私がそう言っているのではない。マルクスがそう言っているのである。

「狂気」や「野蛮」を甦らせないためには、それが「主観的には合理的な行動」として見える文脈を探り当て、その文脈そのものを分析の俎上《そじょう》に載せる必要がある。

今回の発表で気になったのは、「豊臣秀吉の朝鮮侵略」の扱われ方である。ふつうはこれを「大日本帝国」の「李氏朝鮮」侵略の先駆的なかたちであり、本質的には「同じもの」だと考える。

だが、私は簡単にこれを同定しないほうがいいと思っている。豊臣秀吉の時代に「国民国家」という概念はまだ存在していないからである。

豊臣秀吉は何を企図していたのか。

彼はそれまで分裂していた日本列島を統一した。列島の部族を統一したので、「次の仕事」にとりかかった。

それは「中原《ちゅうげん》に鹿を逐《お》う」ことである。

華夷《かい》秩序の世界では、「王化の光」の届かない蛮地の部族は、ローカルな統合を果たしたら、次は武力を以て中原に押し出し、そこに君臨する中華皇帝を弑逆《しいぎゃく》して、皇位に就き、新しい王朝を建てる。華夷秩序のコスモロジーを内面化していた「蕃族《ばんぞく》」はシステマティックにそうふるまってきた。匈奴もモンゴル族も女真族も満州族も、部族の統一を果たすと、必ず中原に攻めのぼった。そのうちのいくつかは実際に王朝を建てた。

豊臣秀吉は朝鮮半島を経由して、明を攻め滅ぼし、北京に後陽成天皇を迎えて「日本族の王朝」を建てようとした。その点では匈奴の冒頓単于《ぼくとつぜんう》や女真族の完顔阿骨打《ワンヤンアグダ》やモンゴルのチンギス・ハンや満州族のヌルハチとそれほど違うことを考えていたわけではない。華夷秩序のコスモロジーを深く内面化した社会集団にとってそれは「ふつうの」選択肢と映ったはずである。

もし、このとき豊臣秀吉の明討伐が成功した場合（その可能性はゼロではなかった）、この「日本族の王朝」は、モンゴル族の王朝である元、漢族の王朝である明に続く、漢字一字のものとなったはずである。仮にそれが短命のものに終わり、「日本族」が列島に退き、そのあとを満州族の王朝である清が襲った場合でも、この王朝名はたぶん「中国史」の中に歴代王朝の一つとして記載され、日本の中学生たちは「世界史」の受験勉強のときに、その王朝名とその開始と滅亡の年号を暗記させられたはずである。

だって、それは中国の王朝だからである。

そんなはずはない。それは日本人が勝手に侵略して建てた王朝だから、中国の王朝には数えないということをおっしゃる人がいるかも知れない。だが、それだと、夏も殷も周も出自は怪しいし、元と清はむろん正史からは削除されねばならぬし、金や遼も「テロリスト集団による漢土の不法占拠」として扱われねばならない。

秀吉の朝鮮半島への軍事行動は「辺境の列島に住む一部族が、ローカルな統一を果たしたので、半島に住む諸族を斬り従えて、大陸に王朝を建てようとした（が失敗した）」という、華夷秩序内部の「よくあるできごと」として考想されていたはずである。侵略した日本人も侵略された朝鮮人も侵略の報を受けた中国人もたぶん「そういうふうに」事態をとらえていたのではないかと思う。

勘違いしてほしくないが、私は別に「だから、豊臣秀吉の朝鮮半島侵略は歴史的に正当化される」というようなことを言っているわけではない。「辺境の一部族が幻想的な王朝建設を夢見て、周辺地域に大量破壊をもたらした」という事実に争う余地はない。そんなことをしないで列島でじっとしていればよかったのに、と私も思う。ただ、その「幻想」がリアルタイムではどういうものであったのかを見ておかないと、どうしてそんなことをしたのかはわからない。そして、「どうしてそれをしたのかがわからないこと」は、「どうしてそれをしたのかがわかる」ことよりも始末に負えない。それは繰り返される可能性があるからである。

秀吉の朝鮮侵攻を論じた史書はあまり多くない。その多くが「秀吉の行動は不可解」としている。中には「秀吉は晩年、精神錯乱に陥っていた」という説を立てているものもある。

「気が狂っていた」ように見えるのは、その歴史学者が現代人の国民国家観を無意識に内面化したまま、そのようなものが存在しなかった時代の出来事を解釈しようとしているからではないかと私は思う。

国民国家のあいだの「和解」は、「私たちはそれぞれの時代において、それぞれ固有の仕方で幻想的に世界を見ている」ということを認め合い、その幻想の成り立ちと機能を解明するところから始める他ないと私は思っている。私に同意してくれる人はきわめて少数であろうけれど。

（二〇一〇年五月）

日本の核武装は可能か？

先週、毎日新聞の論説委員の広岩さんが見えて、「平和を語る」というお題で、しばらくお話をした。広岩さんは何年か前に私が毎日新聞の紙面批評を頼まれたときに、司会をしてくれた人である。たいへん冷静で目配りのゆきとどいたジャーナリストだった。それからは毎日新聞で広岩さんの署名記事があると、まじめに読むようにしている。

お会いしたとき、広岩さんは日本の言論の急速な「右傾化」にずいぶん心を痛めていた。とくに一部で突出している核武装論と、それに対する若者たちの無警戒に危機感を示しておられたので、もっぱら話題はそれに終始した。

言論の右傾化は想像よりもずいぶん進行しているようである。高名な論客の講演会では、九条の廃棄と核武装を求める言説に高齢者から若者までが拍手喝采するのだそうである。

困ったものである。

九条についてはもうずいぶん書いたから、今さら書き足すこともない。ただ、核武装について、もう一度基本的なことを確認しておきたい。

日本の核武装というオプションは政策的選択肢としては「あり」だと私は思っている。

あらゆる政策的選択肢は先入観ぬきで、そのメリット、デメリットについて考量的に吟味する必要があるというのは、私の変わらぬ信念である。

だが、核武装のメリットとデメリットについて中立的な視点から論じるという人はほとんどいない。「核武装すべき」か「すべきでない」かまず結論があって、それから その結論を正当化する論拠をランダムに列挙する、というのがこの議論にかかわる人々の基本パターンである。

私はこういう議論の仕方を好まない。

それよりは、結論の当否はとりあえず棚上げして、その政策を選択するとどのようなメリット、デメリットがあるのか、それを「算盤ずく」で思量するという態度が望ましいと思う。

核武装することのメリットは何か？

「核攻撃に対する報復力が向上する」ということである。

とりあえずは、これだけ。

核兵器をブラフに使って外交交渉や国境線確定を有利に導くことも可能であるが、これは銃砲店に行って「何に使うんですか？」と訊かれて「強盗するの」と答えるようなものであって、実際にそう思っていても、口に出してはいけない。だから、核武装論者もこれは言わない。

デメリットはどうか。

これはあまりに多い。

まず外交的な点から。

核武装の意図を明らかにした段階で、中国と韓国と北朝鮮とロシアとＡＳＥＡＮ諸国が猛然とこれに反対する。日本の核武装を支持する、あるいは中立的に立場を維持する国があるのかどうか、私にはよくわからない。もしかすると、インドやパキスタンやイランは「核拡散防止」政策の欺瞞性を非難してきた建前上、「反対できない」という態度をとるかもしれない。たぶんそれくらいだろう。

とりわけ、近隣諸国はかつて大日本帝国に軍事的侵略を受けた経験からきびしい反対の声を上げることが確実である。反対運動がどれほどのレベルのものになるか、精密な予測は不可能であるが、最悪は大使館の引き上げや外交関係の断絶。そこまで行かないにしても、経済活動や投資や人的交流などに深刻な支障が出ることは間違いない。中国やASEAN諸国との通商経済関係が長期的に滞った場合に、それがわが国のGDPや日経平均株価や雇用環境や賃金にどれほどの影響を与えることになるのか、これはクールな頭で試算してみる必要があるだろう。

もう一つのハードルはアメリカである。

アメリカ市民のうちで日本が核武装することに賛成する人はほとんどいない。議会にも、ホワイトハウスにもいない。オバマ大統領は「核なき世界」を二十一世紀の世界像として堂々と提出したが、このヴィジョンを論破しなければならない。それは「誰でも自由に核武装できる世界の方が核武装に制約がある世界よりも望ましい」という主張について国際社会の同意を形成するということである。日本の総理大臣や外務大臣が国連総会でそのようなスピーチを行って、一部であれ国連加盟国の支持をとりつけられるだけの理論武装をしているのかどうか、私はきわめて懐疑的である。日本の報復力が向上することが自国の国益増大につながると思う国がいくつあるか。誰か知っていたら教えてほしい。

私はひとつも思いつかない。

とりわけアメリカは日本の核武装によって失うものが多い。

アメリカ軍の日本列島におけるプレザンスは「米軍には核兵器があり、日本の自衛隊には核兵器がない」という兵力の非対称性を根拠にしている。核兵器があれば、日本はイーブンパートナーである。もう軍事的属国ではない。これまで「命令」で済ませていた行動について日本側の「同意」や「承認」が必要だと言い出したらアメリカの将軍たちは露骨に不快な顔をするだろう。

アメリカの産軍複合体も反対するだろう。核武装は通常兵器の削減を可能にするからである(だから貧しい国ほど核武装したがる)。そして、日本は通常兵器のほとんどをアメリカから言い値で購入している。通常兵器市場のシュリンクをアメリカの産軍複合体はまったく喜ばないであろう。

だから、核武装するなら、最終的には、アメリカが「日米安保条約廃棄、在日米軍基地撤去」というカードを切ってくることは覚悟しておいた方がいい。

その場合には「米軍の空白」を埋めなければならないことになる。「別に埋めなくてもいいじゃないか」とは言えない。だって、核武装する最大の論拠は「核武装くらいしていなければ、すぐにでも近隣の仮想敵国が攻め込んでくる」という情勢判断だからだ。それは防衛予算に国家予算の相当部分を充当しなければならないということである。医療も福祉も教育も地方分権もすべてあとまわしで、とにかく持ち金をあらいざらい投じて兵器を買い集める。むろん兵士の補充も必要であるから、徴兵制もただちに導入を検討することになるだろう。

こうして日本列島は国際的に孤立し、核兵器という毒性のつよいカードを手に綱渡り的な外交を展開する軍事国家になる。

これは東アジアのどこかの国と「そっくり」である。

「日本を北朝鮮化することによってのみ日本の国防は成就できる」という考え方には一理あると私も思う。けれども、そういう政策を主張している人々が、彼ら自身が北朝鮮をモデルに国家戦略を考案しているという事実に気づいていないという知性の不調にはつよい不安を抱かざるを得ないのである。


（二〇〇九年八月）

日本はどこへ行くのか

先日、テレビの政治討論番組で、あるジャーナリストが、日本に外交力がないのは、軍事の裏付けがないからである。防衛にもっと金をかけなければ、日本は隣国から侮られるばかりであると主張していた。

それは違うのではないかと思う。

日本が外交的に国際社会で侮られているのは事実であるが、それは軍事力の裏付けがないからではない。

日本の国防予算は世界第四位である。日本の上にいるのはアメリカ、ロシア、中国の三国。

「軍事力即外交力」というロジックが成り立つなら、日本はこの三国には侮られても当然だが、それ以外の諸国には侮られてはいないはずである。

しかし、現に侮られている。

たしかに、現在、国際社会で「日本の外交戦略を拝聴して、ぜひその叡智を掬《きく》したい」という態度を保っている国はきわめて少ない。だが、それは日本が軍事力に劣っているからではない。

日本が国際社会に向けて発信すべきいかなる「ヴィジョン」も有していないからである。日本が国際社会に向けて述べているのが「愚痴」と「不満」だけだからである。たしかに日本にとっては切実な「愚痴」であり、「不満」であろうが、他国にとっては「悪いけど、ひとごと」である。

我が国の国際戦略（などというものはないのだが、仮にあるとして）に対して同意や共感や支援を得ようとするとき、「日本を支持すると、こんな『いいこと』がありますよ」という「にんじん」を示すことでしか、国際社会における支持者を作ることができない。

その「志の低さ」が国際社会の侮りを受けているのである。だから、日本が金をばらまけばばらまくほど日本に対する侮りは深まる。

湾岸戦争のときに、日本は巨額の戦費を供出した。これに対して国際社会はまったく感謝を示さなかった。これをわが国の政治家やジャーナリストは「人的貢献をしないで、金だけ出したからバカにされたのだ。次からは日本人の血を流さなければダメだ」と言い立てた。

いわゆる「国際社会の笑いもの」論である。

多国籍軍はイラクに侵略されたクウェートを支援するために軍事介入した。クウェート政府は戦争終了後に、支援各国に感謝決議を出した。そのときに、日本の名はそこになかった。

ただし、その理由は「国際社会の笑いもの」論者たちが言うように「金しか出さなかった」からではない。

日本はたくさんの戦費を出したのだ。ただ、出した金のほとんどをアメリカが持って行ってしまったのである。当初援助額である九十億ドル（一兆二千億円）のうち、クウェートに渡ったのは六億三千万円であった。あとはアメリカが持っていった。国際社会は、「国際貢献」という名分でアメリカに「転がされた」日本の愚鈍を笑ったのである。

その反省がイラク派兵における「人的貢献」である。今回の派兵に対してはイラク政府から感謝決議をもらうことが日本政府の年来の悲願なのである。しかし、「感謝決議をもらうために派兵する国」を国際社会が尊敬のまなざしで見上げるであろうか。

私は懐疑的である。

国際社会が評価するのは「これからの世界はどうあるべきか」について、国益の異なる諸国を統合しうるような「大きな物語」を語ることのできる政治思想と行動だけである。どれほど主観的には切実であろうとも、「愚痴」や「不満」や「見返り」のような「せこい」話しかしない国が、そのスーパーリアルな態度によって諸国からの敬意を得ることはありえない。

そして、敬意が得られない国は、どんな場合も、指導力を発揮することはできない。当たり前のことである。

かつてシンガポールのリ・クワン・ユーやマレーシアのマハティールや台湾の李登輝は小国の指導者ながら、繰り返し国際社会からその政治的意見を求められ、世界のメディアはその発言を報道した。それはシンガポールやマレーシアや台湾が中国に比肩するような軍事大国だったからではないし、経済大国だったからでもない。彼らがそれぞれに「あるべき東アジアのヴィジョン」を語ったからである。

国際社会が敬意を示すのは一国の軍事力ではなく、その軍事力を導く世界戦略の「大きさ」に対してである。もし、軍事力に裏付けられた外交だけが他国からの敬意を担保するというロジックがほんとうなら、日本は世界で中国の次に尊敬され、どのような国際会議でも「アメリカ、ロシア、中国」の次に発言を求められてしかるべきであり、イギリス、フランス、ドイツよりも「威信ランキング」において上位に置かれてよいはずである。

だが、そうなっていない。

これはどういうわけなのか。誰か説明してくれるのだろうか。

「核武装していないから」という遁辞をおそらくはご用意されているのであろう。防衛費世界四位といっても、核がないんだから、そんなのは無意味な数字だ、と。あるいは防衛費のほとんどは自衛官たちの高額の人件費で消えてしまい、軍備には充当されていないからそんなのはまったく無意味な数字だとも言われる。

なるほど。

防衛次官の横領分や商社へのキックバック（そのせいで武器購入費は非常に割高になっている）もむろん軍備の充実には資するところがないから、これも防衛費からは控除した方がいいだろう。

ということは私たちが知っている防衛費というのはおおかた「無意味な数字」だということになる。で、その場合、「無意味な数字」が「多い」とか「少ない」ということを言えるのはどのような数値的根拠によるのであろうか。

核武装したとしよう。

アメリカとロシアと中国の反対を押し切って、核武装したとする。さて、その上で日本はいったい何を世界に対して告げようというのであろうか。どのような「あるべき世界のヴィジョン」を語るつもりなのであろうか。

「これで北朝鮮のミサイルがきても報復できるぞ」「中国が東シナ海のガス田に手を出しても韓国が竹島を占領しても報復するぞ」と世界に向けて誇らしげにカミングアウトしたいという気持ちはわからないでもない。けれども、それを聴いて「ああ、すばらしい。『やられたら、やりかえせ』これこそ世界が待望していた二十一世紀の国際社会を指導する理念だ」と思ってくれる人が世界に何人いるだろうか。それによって日本の政治家たちが世界のメディアから注目され、その識見について繰り返し意見を徴され、その指導力が求められるということが起こると、彼らは本気で信じているのであろうか。

繰り返し言うが、防衛費を倍増しようと、核武装しようと、ミサイル攻撃に即応するシステムを構築しようと、それによって国際社会からの敬意を獲得することはできない。獲得できるのは、「何をするかわからない危険きわまりない国に対する遠慮がちな態度」だけである。それはまさに現在北朝鮮が享受しているところの「利権」である。

何度も言うが、日本を北朝鮮化することを彼らが夢見る気持ちはわからないでもない。「遠慮がちな態度」だって「侮りがちな態度」よりはましだという理屈もわからないではない。

でも、自分たちがそのような「夢」を抱いていることに彼ら自身は気づいていない。問題はそこだ。

（二〇〇九年八月）

みんな知ってる「密約」って何？

一九六九年一一月、沖縄返還の交渉過程で、当時の佐藤栄作首相とニクソン・アメリカ大統領のあいだで交わされた沖縄への有事の際の核持ち込みを認める密約文書を、元首相の遺族が公開した。

沖縄返還は公式には「核抜き」での合意であったが、同時に密約で沖縄への核兵器再持ち込みが許容されていた。核持ち込みは事前協議の対象案件だが、これについても「遅滞なく必要を満たす」とあり、事前協議が事実上空洞化していたことが明らかになった。

という新聞記事を読んで「びっくりした」という日本人が何人いるであろう。

佐藤元首相は「核兵器を持たず、作らず、持ち込ませず」といういわゆる「非核三原則」を掲げて世界平和に貢献したという理由で一九七四年にノーベル平和賞を受賞した。私はそのニュースのときの方がよほど「びっくり」した。五十五歳以上のおおかたの日本人も私と同じような反応を示したのではないかと思う。

ノーベル賞のときにはびっくりしたが、密約があったと聴いても別に驚かない。だって、「そういう密約があるに決まっている」と当時の日本人のほとんどは（少なくとも多少とでも論理的に推論できる日本人は）思っていたからである。

もちろん歴代自民党政府はそのような密約の存在を否定し、「沖縄に核はありません」と白々とした嘘を言い続けてきた。でも、国民は誰もそんな話を信じてはいなかった。

保守の人々は「密約の手形くらい出しておかなきゃ、沖縄は返ってこない」ということを現実的に知っていた。左翼の人々は「自民党政権なら、これくらいの嘘は平気でつくだろう」と現実的に推論していた。「核抜きというのは嘘だ」と日本人みんなが現実的には思っていた。そして、知っていながら、表向きは「密約は存在せず、沖縄に核兵器は存在しない」という嘘を国際社会に向けてはアナウンスし、そのような偽りのアナウンスを信じるふりをしていた。

これはよく考えると実に「日本人的」なふるまいだと思う。

どうして「日本人的」かというと、ノーベル平和賞の選考委員たちは、まさか国民が打って一丸となって為政者の嘘を放置しているというようなことが近代の民主国家においてありうるとは思っていなかったからである。

もちろん、密約の存在が一九七四年時点で明らかにされていれば、ノルウェー・ノーベル賞委員会も、佐藤栄作にノーベル平和賞を授与したはずはない。でも、日本人の過半がその存在を（一部の人々は事実として、残りの人々は推論の結果）知っていた密約を、公式には「存在しない」ことにしていて「平気」というような国民性格が存在することを選考委員たちは知らなかった。ほんとうにそんな密約が存在すると「国民が思っている」なら、「非核三原則」というような空語が繰り返し国会で口にされ、外務官僚が国連で公言するはずがない。ということは、そのような密約は存在しないのである（だから、佐藤栄作にノーベル平和賞をあげても大丈夫）、と選考委員たちは考えた。

選考委員を「ナイーブ」と呼ぶべきか、私たち自身を「国民的規模で欺瞞的」と呼ぶべきか。

私は後者だと思う。

新聞の社説は表向き密約の存在に憤っていた。前から知っていて知らないふりをして、いまさら「騙された」と憤ってみせているなら、それは茶番である。ほんとうに今まで「騙されていた」のだとしたら、ジャーナリストとして無能すぎる。『日本辺境論』に書いたとおり、私たちは「無知のふりをする」ことができる。「バカなので、狡猾な政治家たちに、いいように騙されてしまう純良な庶民」のふりをすることができる。それが私たちの「国民的特技」なのである。

非核三原則が「嘘」だということを私たちは知っていた。知っていながら、「騙されたふり」をしていた。それどころか、「騙した」当の本人である佐藤栄作は、ノーベル平和賞の受賞に喜色満面であった。

もちろん、佐藤栄作には「受賞辞退」というオプションもあった。別に密約の存在をカミングアウトしなくても、「私ごとき非力な政治家が世界平和に貢献したなどと……とても、恥ずかしくてお受けできません」とポライトリーにお断りすることは可能だったはずである。

でも、彼はそうしなかった。受賞の報に満面喜悦で応じたのである。

自分が嘘をついており、それに選考委員会が騙されて平和賞を出したことを知っていて、なお「喜色満面」でいられるというのは、やはりたいしたことだと私は思う。

それは佐藤栄作自身がこの欺瞞を「例外的な悪徳」だとは考えていなかったことを意味している。彼は愚鈍な人間ではなかったから、国民の過半が「非核三原則は空語である」ことを知っているということを知っていたはずである。だから、国民が「ノーベル平和賞選考委員会はバカだ」と思っていたことも（ある程度は）推察していたはずである。

その上でのあの笑顔は、「日本人のこの『無知のふりをして実を取る』という戦略は、けっこういけるな」という会心の笑みであったのではないかと私は怪しむのである。

（二〇〇九年一二月）

どうして日本軍は真珠湾を攻撃したのか

朝日新聞の石川記者が取材に来る。真珠湾攻撃について歴史的検証を行うという趣向である。

朝日新聞と日本経済新聞には、前に原稿にアヤをつけられて「二度と書きません」と啖呵《たんか》を切ったはずなのだが、違う部署の知らない記者から寄稿を頼まれると、因縁があったことをころりと忘れて「はいはい」と即答してしまう。原稿を書いたあとになって「あ、いけね。朝日と日経には書かないことにしてたんだ」と思い出す、ということを何度か繰り返している。

困ったものである。

朝日と日経に書かないことにしたのは、この二紙のデスクが私の原稿に「書き直し」を要求したからである。

朝日は原稿を送る前に「社の方針に合わない内容なら書き直しを要求します」と言われた。日経は原稿を送ったあとに「……である」という断定を「……であると思う」（だから「……だと言われている」）に直せと言われた。私はべつに両紙の社説を書いているわけではない。自分の名前で書いているのである。私が両社の世界観に合わないことを書こうと、蓋然性の低い推理をしようと、それは私個人の責任であって、朝日や日経の責任ではない（私のような書き手に発注した不明は彼らの責任だが）。

どうも「書くことの責任」について私とは考え方が違うようなので、この二紙にはもう書かないことにしたのである。でも、根が忘れっぽいので、出会い頭に発注されると、「は、はい」と原稿を書いて送ってしまうのである。

困った鶏頭である。

石川記者は彼が『AERA』にいた頃からのおつきあいで、平尾剛さんと書いた『合気道とラグビーを貫くもの』という本を作ってもらったご縁がある。いつもの温顔で登場して、いきなり真珠湾攻撃という軍事作戦の当否について論ぜよと言う。むずかしいお題である。

とはいえ、こちらも『日本辺境論』を書いた手前もあり、なぜ日本の政策決定システムは定期的に思考停止に陥るかについて持論を述べる。

すべての社会はそれぞれの仕方で「権力の交替」のためのシステムを設計図に書き込んでいる。

「交替させなければならない」権力者は、その定義からして「バカ」であるか「邪悪」であるか、あるいはその両方である。したがって、彼らは自分たちが「交替させられるべきである」ということに気づいて、進んで身を引くということがない。それゆえ、持続可能な社会集団であるためには、すべての集団は「バカ」であったり「邪悪」であったりする権力者を、本人たちからのどのような頑強な抵抗があっても権力中枢から排除できるような「見えざる権力交替システム」を内蔵させている。そのような「見えないシステム」を組み込み忘れた社会集団は長くは生き延びられない。

もっとも洗練された「バカあるいは邪悪な権力者排除システム」をもっているのはアメリカ合衆国である。

これについてはアレクシス・ド・トックヴィルがその炯眼《けいがん》をもって看破しているの

で、興味のある方は『アメリカのデモクラシー』を繙読《はんどく》せられよ。

しかるに、日本社会における「ワルモノ排除システム」はどのように構造化されているかについては、寡聞《かぶん》にしてこれを主題的に考究した人のあることを知らない。

もちろん、日本にも「ワルモノ排除システム」は存在する（存在しなければとうの昔に地表から日本国は消えているであろう）。果たしてそれはどのようなものか。

それは「秀才を権力中枢に集中させる」という手法である。

つねづね申し上げているように、制度の健全はそれを構成する要素の多様性に担保されている。

形態、組成、特性、機能を異にする人間的要素が絡み合って混在する社会システムがいちばん負荷にたいする耐性が強い。逆に、均質性の高い個体が集中した部位からシステムは崩壊する。

それを「隙」と言う。

武道では「足が揃った状態」を「隙」と言う。足が揃った状態にいると動線の選択肢が最小になるからである。

「隙がない」というのは、べつにがちがちにガードを固めているということではなくて、「次にどういう動線を選択するか予測できない」ということである。だから、「次にどういう動線を選択するか予測が可能である」状態を「隙がある」と言うのである。システムが局所的につよく均質化すると、それがシステム全体の「隙」になる。そこからシステム・クラッシュが始まる。局所的な過剰な均質化によるシステム崩壊の場合は、とりあえずどこから崩壊が始まるかが事前に予測可能である。予測可能である限り、システム崩壊はそれほど破局的な事態には至らない。

私たちが求めているのは「バカな、あるいは邪悪な権力者の排除」であって、システムそのものの崩壊ではない。しかし、権力者はその定義からしてシステムの中枢に、深く巣喰っている。これ「だけ」を取り出して、システムそのものは最小限の被害にとどめておかなければならない。

肉を切らせて骨を断つ。

そのアクロバティックな課題を解くために日本人が考案したのが、「権力中枢にできるだけバカで邪悪な人間を集めて、そこから先に腐らせる」という手法だったのである。それを繰り返すことで私たちの国のすべてのシステムはイノベーションを行ってきたのである。

「権力中枢に蝟集するワルモノ」というのは、「お勉強のできる人たち」ということである。

秀才というのは、その定義からして「百点答案」を書くことにしか興味がない。そういう人たちは「後退局面」とか「負け戦」とか「後始末」とか「負けしろの確保」とかいうことに対応できない。というのも、彼らは「絶対負けない」ということを信条として秀才としての自己形成を果たしたからである。

こういう人たちは外交や軍事にはまったく向かない。

東条英機という人は陸士・陸大卒の秀才であり、百点答案を書く名人ではあったが、軍事的にはまるで無能な人物であった。それは彼の起草した『戦陣訓』を読めばわかる。

曰く「必勝の信念は千磨必死の訓練に生ず。須《すべから》く寸暇を惜しみ肝胆を砕き、必ず敵に勝つの実力を涵養すべし。勝敗は皇国の隆替《りゅうたい》に関す。光輝ある軍の歴史に鑑《かんが》み、百戦百勝の伝統に対する己《おのれ》の責務を銘肝し、勝たずば断じて已《や》むべからず。」

「百戦百勝」は不可能な軍事的事実である。そんなことは誰でもわかる。誰でもわかる不可能事を平然と書けるのは、「過去に不可能であった単称言明から、それが未来永劫不可能であるという全称言明は帰納できない」というヒューム的遁辞が用意されているからである。

万分の一でも可能性があれば、「百点の答案」を書きたくなるというのが秀才のピットフォールである。

満州事変以後、太平洋戦争敗戦に至る全行程において、大本営は「これがこうなって、あれがこうなれば、皇軍は完全勝利する」という類の「風が吹けば桶屋が儲かる」式というか「わらしべ長者」式というか、「うまいことだけが選択的に続けば、圧倒的勝利を収めるであろう」的推論だけを行って戦争を遂行した。これは秀才だけが能くなしうる仕事である。

日露戦争から三十五年、日本の軍事機構には秀才だけを登用し続けて来た。その結果、太平洋戦争開戦時の日本の戦争指導部の中枢にはもう秀才しか残っていなかったのである。

真珠湾攻撃は秀才の「百点答案」である。

という話をする。

軍司令部に秀才ばかりを集めてしまうと、そこが過剰に均質化し、遠からず軍が「そこからシステムが崩れる」弱い「環」になる。そのことを、おおかたの日本国民は無意識的には察知していたのだと思う。なにしろ軍事の要諦は「敵を作らない」ことと「隙を作らない」ことなのであるが、秀才軍人たちは「敵を作ること」と「隙を作る」ことをほとんど本務として職務に邁進したのだから。無意識的に日本人の多くは「彼らがシステムの一部を滅ぼし、それと同時に彼らも滅びる」ことをかなりの確度で予測もしていたはずである。けれども、日本人は「そういうやり方」以外に権力者を交替させる方法を知らなかったのである。今も知らない。

（二〇〇九年一一月）

及び腰ストラテジー

普天間基地の移転問題がなかなか解決しない。

問題がなかなか解決しないのは、誰もが満足できるソリューションが存在しないからである。

当たり前のことを言うな、と言われそうだが、「誰もが満足できるソリューションが存在しないとき」に「早く、誰からも文句のでない決定を下せ」と言い立てるのはあまり賢いふるまいとは思えない。「できるなら、しているよ」ということである。

「先送り」というのはひとつのアイディアである。

これについてはかつて春日武彦先生から含蓄のあるお話をうかがったことがある。精神科に通ってくる患者の中にはしばしば家族関係のしがらみで「どうにも身動きならない」という窮状にあるものがいる。あちらを立てればこちらが立たずという状況である。そういうときには「先送り」するという手が有効だと春日先生はおっしゃっていた。

先送りにしているうちに、原因となっていた家族の誰かが死んだり、入院したりすることがあるからだ。家族からその人が「消える」と「しがらみ」はするするとほどけてしまう。

すると、精神科医の出番もなくなる。

「手を拱《こまぬ》いているだけでよいのか」と憤る人がいるが、「手を拱いているだけで、何とかなってしまった」ということは人生には実はよくあるのである。

いや、ほんとに。

例えば、本学は「文学部改組」ということを二十年ほど前から計画していた。

文学部というような時代遅れの看板ではもう志願者を集められないというので、まわりの大学が次々と「文学部」の看板をおろして「総合人間学部」とか「国際教養情報学部」とか、そういうネーミングに変えていたころの話である。

本学は合意形成にたいへん手間暇のかかる教授会民主主義組織であるので、ときどき思いついたように「改組」の議論をしていたのだが、さっぱり成案ができず、ぼんやり手を拱いているうちに、気がついたら、日本の大学で文学部が残っているのは、もう本学を含めてごくわずかになってしまった。そしたら、「それでも文学部に行きたい」という少数の高校生たち（がいたんですね）にとっては残り少ない選択肢となって、安定的に志願者を確保できるようになった。

これなどは「手を拱いているうちになんとかなってしまった」好個の適例である。国際関係は複雑な要素の絡み合いであり、どのような外交的難問にも「一般解」というものは存在しない。

そのときは罵倒されたが、後から考えたら「すばらしい決断」だったと言われることもあるし、そのときは絶賛されたが、後から見たら「希代の愚行」だと評価されることもある。

アメリカは飛び地のアラスカ州を一八六七年にロシアから七二〇万ドル（一平方キロあたり五ドル）で購入した。

当時、交渉に当たった国務長官スワードは「巨大な冷蔵庫を買った男」と国民的非難を浴びた。

その後アラスカに金鉱が見つかったら、たちまち非難の声は止み、さらにその後東西冷戦時代にはいるとアラスカが国防上の要害となった。いま「アラスカ抜きのアメリカ」を想像できるアメリカ人はいない。

禁酒法は一九一九年に国民的な支持を得て成立したが、たちまち密造酒がギャングの収入源となり、警官、司法官の汚職がはびこり、一九三三年に廃止された。

外交的決断もそれと同じである。

リアルタイムの世論の賛否と、ソリューションの決定の適否のあいだにはあまり（というかほとんど）関係がない。それは世論の形成者（ジャーナリストとメディア知識人）が「未来の未知性」を軽んじる傾向にあるからである。

未来はどうなるかわからない。だから、とりあえず「まあ、このへんで……」というように政策選択においては「及び腰」になるのが正しいのである。未来にどのような意外なファクターが到来するかわからないからである。

外宇宙から致死的なヴィールスが隕石に乗って地上に墜落したが、地球が温暖化していたせいで棲息の温度条件が合わず、繁殖できずに死に絶え、おかげで人類は生き延びた……というようなことだってあるかもしれない。

いや、ほんとに。

「人間万事塞翁《さいおう》が馬」である。

塞翁の飼っていた馬が逃げ、「なんて不幸な」と思っていたら、その馬がすばらしい馬群を率いて戻ってきたので、「わあ、ラッキー」と思っていたら、その馬に乗った息子が落馬して足を折り、「なんて不幸な」と思っていたら、そのせいで息子が徴兵を免れ、「わあ、ラッキー」と思っていたら……（以下無限に続く）

だから、「これが最適解です」と胸を張って政策を提言するのは止めた方がいい、と申し上げているのである。

それはその政策が間違っているからではなく、「そこそこまとも」な解であったかどうかは「蓋を開けてみないとわからない」からである。だから、「なるべく蓋を開けるのを遅らせる」というのは、とりあえず政策決定に際しては、しばしばそれによってこうむる損失の方より、それによって得る利得の方が大きいソリューションなのである。

だから、鳩山首相も「のちほど最適の政策を提出します」など未練がましいことを言わず、「何が最適解だかぜんぜんわからないので、とりあえず先送りして、もうちょっと様子を見ることにしました」ときっぱりとした「及び腰」を示せばよろしいかと思う。

（二〇〇九年一二月）

基地をめぐる思考停止

名護市長選挙で、普天間基地の県内移転に反対する候補者が当選し、これにより〇六年に自公政権が米政府と合意した米軍キャンプ・シュワブ沿岸部（名護市辺野古）への移設が困難となった。鳩山政権は移設先の見直し作業を加速させる方針だが、米側は当初の合意の履行を求めており、解決のめどは立っていない。

普天間基地問題は無数の「問題」のかたまりである。

基地そのものが地域住民の生活被害をもたらしており、その除去を求める生活者の「民意」がある。

基地経済に依存してきた沖縄の政官業複合体にとっては、基地は中央からの予算と公共投資を引き出すための「人質」である。

日本政府にとって、基地の県外国外撤去を求めるということは、沖縄米軍基地の核抑止力が戦後六十五年間の「平和」を担保してきたという「政治的常識」に疑問をなげかけることを意味する。

アメリカ国民にとって、西太平洋に展開する米軍基地は十九世紀末の米西戦争でフィリピン、グアムを手に入れて以来、太平洋戦争、朝鮮戦争、ベトナム戦争、湾岸戦争、イラク戦争とアメリカの青年たちの血で贖《あがな》ってきた「アジア覇権」の象徴であり、ここから「撤退する」ということは、十九世紀以来のアメリカの国是であった「西漸戦略」そのものの間違いを認めることを意味する。それは国民的統合の「物語」に深い亀裂を走らせるだろう。

というように、基地問題にかかわっている人々の「譲れない一線」にはさまざまなものがある。

その「一線」はどれも水準が違う。名護市市民の「生活実感」とアメリカ国民の「国民統合幻想」を比べて「どちらを優先させるべきか」というような議論をしても始まらない。それぞれに切実であり、その「切実さ」の種類が違うからである。

だが、正解がない問題は解けないということでもない。現に、人間世界のもめごとの過半は解がないにもかかわらず、私たちはけっこうやりくりしてきたのである。全員が満足するような解がみつからない問題については、「全員が同じ程度に不満足なあたりを『おとしどころ』にする」というのが政治の骨法である。

「三方一両損」である。

ただし、「全員が同じ程度に損をするおとしどころ」を提唱する人間にはひとつの資質が要求される。

『三人吉三』でも『大岡裁き』でもそうだが、「全員が痛む和解案」を持ち出すのは、和尚吉三であれ大岡越前であれ、その場でいちばん実力のある人間である。「どうだい、オレもここは損をかぶる覚悟だから、どちらも引いちゃくれねえか」という台詞をぐいっと渋く唸るのが調停の骨法である。

沖縄に限らず、東アジアにおける基地問題は、アメリカが「和尚吉三」や「大岡越前」の役を演じれば、たぶん解決する。でも、アメリカにはそんな役を演じる気がない。

アメリカはこれまで実に多くの国際紛争の調停を試みてきたが、歴史が私たちに教えるのは、彼らは調停者としての能力がきわめて低いということである。

日本の政治学者で「アメリカは調停能力が低い」ということをはっきり指摘する人は少ない（私は見たことがない）が、たしかにアメリカは敵対関係にある二者を中立的立場から調停する能力が非常に低い国である。かの国の政治家や外交官の個人的な知的なクオリティの高さと比べたとき、彼らの周旋能力が異常に低いことには私たちもいい加減気づいてよいと思う。

知的に卓越している人間が、ある領域の活動に限っていきなり思考停止するというのは「よくあること」である。それはそれが彼らの国民的統合の「クッションの結び目」point de capiton である場合である。

アメリカの国民的統合は「敵対関係をどちらもちょっとずつ損するというような落としどころで調停することはできない」という原則の上に成り立っている。

植民地と本国の「それぞれ譲れないお立場というものがあるわけですから、どうすここはひとつナカとって……」というような調停者の介在を許したら、そもそもアメリカ合衆国という国は存在しなかった。いかなる調停も拒否。私は絶対正しいので譲歩しない、と言い募ることでアメリカは今日の大をなした。その成功体験がアメリカ人において「調停」や「譲歩」や「落としどころを探る」といった種類の政治的技術を涵養することを妨げた。この「まだらぼけ」的政治的無能は基地問題のようなデリケートな問題においてとりわけ前景化する。

アメリカはご存じのようにキューバにグァンタナモ軍事基地というものを所有している。

だが、どうしてアメリカがキューバ国内に「飛び地」を領有しているのか、その理由を知っている人はあまり多くない。その話をしよう。

キューバでは十九世紀なかごろから宗主国であるスペインの植民地支配からの独立を求める民族解放闘争が展開していた。独立運動がスペインを押し戻し、全土の半分ほどを支配し、独立戦争の勝利が目前に迫ったときに、ハバナに停泊していたアメリカ合衆国の戦艦メイン号が原因不明で爆沈した。これをスペインの敷設した機雷との接触と判断したアメリカは、反スペイン感情で過熱した世論を背景に、キューバ独立戦争へ武力介入して、キューバ全島からスペイン軍を駆逐して、キューバを属領化したのである（メイン号爆沈はその後の調査ではエンジントラブルによる自損事故だった可能性が高い）。一九〇二年制定のキューバ憲法には、アメリカの内政干渉権を認めること、グァンタナモ、バイア・オンダの二箇所に恒久的な米軍基地を置くことが規定されている。そのようにしてアメリカはグァンタナモ湾を永久租借し、年間数千ドルの賃料を払って、今に至るのである（現在のキューバ政府は「家賃」の受け取りを拒否している。当然のことだが）。

アメリカの在外軍事基地についての考え方の基本は、このグァンタナモ基地の所有に示されると私は考えている。

アメリカ国民の過半は今でもグァンタナモ軍事基地を所有していることは「政治的に正しい」と信じている。オバマ大統領もグァンタナモ基地へのテロ容疑者の収監と拷問についてはこれを問題視し、収容施設の閉鎖を約束しているが、基地そのものの返還については言及していない。そんなことに言及したら有権者たちから「売国奴」

呼ばわりされることがわかっているからである。

アメリカが沖縄の基地を返還するということがありえないのは、保守派の政論家たちが言うように、それが対中国、対北朝鮮の軍事的拠点として有用だからではない。軍事基地が有用であるように見えるように、アメリカは対中国、対北朝鮮の外交的緊張関係を維持しているというのがことの順序なのである。

アメリカが独立国であるキューバ国内にグァンタナモに基地を保有しているのは、属領化したときにただで他国領を手に入れたものを手放したくないので、保有しているというだけのことである。国内に治外法権の地があることを今もキューバ国民は屈辱的に感じており、それがキューバとアメリカの間に絶えざる外交的緊張を生み出している。緊張関係があるから基地が手放せないのではない。基地があるから緊張関係が生まれるのである。話の順序を間違えてはいけない。

その理路は沖縄でも変わらない。

基地問題を論じるさまざまの文章を徴したが、「アメリカがそもそも他国領内に軍事基地を持つことにいかなる合法性があるのか？」という根本的な議論は必ずニグレクトされている。それはアメリカ人がその論件については自動的に思考停止に陥るからである。そして、アメリカ論を「アメリカ人がアメリカを論じるフレームワーク」

で繰り返すすべての「外交専門家」もひとしくその「思考停止という病」に罹患しているからである。

（二〇一〇年一月）

箱根湯本で安保について考える

箱根湯本吉池で、年二回恒例の経営セミナー。私が出資している三つの会社の社長たちから半期ごとの経営報告を直接うかがい、経済の現況について論じ、今後の経営方針を立案するという、たいへんにシビアでかつビジネスライクな集まりである。私のことを俗事に疎く、象牙の塔的思弁に耽っているだけの大学の先生だと思っている人が世間には多いが、人間というのはなかなか奥の知れないものなのである。

一社の社長（兄上）はすでに会社経営から退かれているので、今回はアドヴァイザー格での参加。平川（克美）くんからはリナックスカフェとラジオデイズの経営状況につき、石川くんからはLive Café Againの現況を伺う。三社のうちでは、Againの経営状態がもっとも健全であり、やっぱりこれからのビジネスは「小商い」に尽きるですねというのが暫定的な結論であった。

商談の合間にラジオデイズのコンテンツ（平川くんとの月一対談「話半分」）を三時間ほど録音する。最近の録音機器の機能はすばらしく、携帯型のＩＣレコーダー（オリンパス提供）でラジオ放送用の音質のものが録音できるのである。

お題は「安保」。

日米安保条約が一九六〇年一月一九日に締結されて五十年になる。「日米安保条約」というのは日米両国にとって、どのような意味をもつ政治的選択だったのであろうかという問題について、例によって（ふつうの政論家は決して口にしないような）話をする。

二人とも安保についてずいぶん書いてきたし、反対闘争にだって加わって機動隊に殴られたのに、実は「条文全文」を読んだことがないということがカムアウトされた。と聞くと「条文知らないで、条約反対闘争するなんて、バカじゃないの」と思う人がいるであろう。

おっしゃるとおりである。

でも、一九六〇年安保闘争のときは「学習会」があっただろうけれど、七〇年安保のときにはそんなものはなかった。

だって、アメリカはベトナム戦争をしていたからである。

ナパーム弾でインドシナ半島の森を焼き尽くし、「枯れ葉剤」という牧歌的な名で呼ばれていた催奇形性の生物兵器を使用していた。日本はこの戦争の後方支援基地として軍事的にこの戦争に深くコミットし、財界は戦争特需に沸いていた。そんなときに子どもたちに条文の訓詁《くんこ》学的解釈なんかしている暇はない。

「日本国の安全に寄与し、並びに極東における国際の平和及び安全の維持に寄与するため、アメリカ合衆国は、その陸軍、空軍及び海軍が日本国において施設及び区域を使用することを許される」という条約六条の「極東における国際の平和及び安全の維持に寄与するために」という一文が欺瞞《ぎまん》的なものだと知るだけで十分だと思っていたのである。

誰のための「平和」なのか、何のための「安全」なのか。ベトナムで人々が殺されているという事実は、どういう理路をたどれば「日本国の平和と安全の維持に寄与」することになるのか。この問いに対して、私を説得できる答えをしてくれた人は安保支持派の中に誰もいなかった。

六条の文言は現実的には「極東におけるアメリカ合衆国の平和及び安全の維持に寄与するために、アメリカ合衆国は、その陸軍、空軍及び海軍が日本国において施設及び区域を使用することを許される」という以外の解釈の余地のないものであり、それは端的には「日本はアメリカの軍事的属国である」ということを意味していた。

それくらいのことは誰でも知っていた。

安保条約は本質的には日本がアメリカの軍事的属国として「下働き」をし、その代償として、アメリカの核の傘で「守ってもらう」という契約であった。

私たちが安保条約に反対したのは、条約「そのもの」に国際法上の整合性がないという理由からではない。また、「アメリカの核の傘での日本の平和」がまったく国益に資さないという理由からでもない（軍事に投ずべき予算をアメリカに負担してもらうことはむしろ国益に資するという判断は十分に合理的に思えた）。そうではなくて、「日本は戦争に負けたので、これからはアメリカの軍事的属国になる以外に選択肢がないのだ（その悲しみと恥を国民的に共有しよう）」といういちばん常識的な言葉だけが、左翼によっても、右翼によっても、誰によっても口にされなかったからである。

私たちはそのことに苛立っていたのだと思う。

安保条約は「リメンバー・安保条約」というかたちで、「国民的な恥の記憶」とともに心に刻み込まれなければならない種類の屈辱的な条約であった。敗戦のとき、日本はそのような屈辱的な条約を甘受しなければならないほどに国際的に弱い立場だった。戦争に負けたのだから、それは仕方がない。

弱い国は弱い。シンプルな事実だ。

誰かに、はっきりそう言って欲しかった。

その事実をまっすぐにみつめなければ、そこから這い上がることはできない。だから、安保条約反対闘争が国民的規模で拡がったのだと思う。

戦後半世紀以上にわたって、「日本はアメリカの属国である」という世界中の人々が知っている教科書的事実を、私たち日本人だけが「知らないふり」をしてきた。もちろん「知らないふり」ができるのは、そのことを「知っている」からである。それを意識に前景化させまいと、つねに抑圧が機能しているから「知らないふり」ができるのである。

その抑圧の機制については、これまでも何度も書いてきた。

日本人が恥と屈辱を意識化できなかったのは、敗戦後の日本人が「自分が弱い」ということを認めることさえできないほどに弱っていたからである。自分の弱さを認めることができるためにはある程度の強さが必要である。その「強さ」が一九六〇年の日本人にはまだ足りなかった。一九七〇年の日本人にも足りなかった。それだけ「アメリカが強すぎた」からである。

二〇一〇年の日本人は「私たちは弱い」ということを冷静な言葉で語れるほどには、

それに領けるほどには「強く」なれたのではないかと思う。

ただそれが「日本が強くなった」ことによってではなく、「アメリカが弱くなった」ことによってもたらされた望外の帰結ではなかったのかという一抹の不安がぬぐえない。

（二〇一〇年二月）

定型と批評性

マスメディアの凋落について毎日原稿を書いているせいで、ものの見方が偏ってきているのかも知れないが、今朝の毎日新聞の一面のコラム「余録」にも、思わず反応してしまった。

コラムは「決断」をめぐるもので、鳩山首相の決断力のなさと、最近の「発奮」ぶりをいささか嘲弄的に紹介している。

普天間問題でも「体当たりで行動していく」「必ず成果を上げる」と歯切れがいい。先週の内閣メールマガジンでは「未来に向けて時計の針をもっと勢いよく回せるような政府をつくりあげていきたい」とアピールした。だが、沖縄県民、米国、連立与党のいずれをも満足させる道がこれから急に開けるようにも思えない。「針の穴にロープを通すくらい難しい」ともらしたことがある首相だ。何を選び何を捨てようとしているのか。「腹案はある」と自信ありげな腹の内を見てみたい。(毎日新聞、二〇一〇年四月五日)

「よくあるコラム」である。

こういう書き方を日本のジャーナリストたちは「批評的な」ものとして、たぶん無意識に採用しているのだとおもう。彼らは自分たちが「批評的定型」にはまり込んでいること、鋳型から叩きだすように定型的な言葉を流していることに、あまり自覚的ではない。

だが、「批評的定型」というものは残念ながら存在しない。批評性というのは、ぎりぎりそぎ落とせば、「定型性に対する倦厭《けんえん》」のことだからだ。

だが、このコラムの文章には「定型性に対する倦厭」がない。

たしかに、どんな人間のどんな文章も、それなりの定型にはとらえられてしまうことは避けられない。定型から逃げ出そうとすれば、シュールレアリスト的饒舌《じょうぜつ》かランボー的沈黙のどちらかを選ぶしかないと、モーリス・ブランショは言っている。私も同意見である。

ひとは定型から出ることはできない。だが、定型を嫌うことはできる。定型的な文章しか書けない自分に「飽きる」ことはできる。

「飽きる」というのは一種の能力であると私は思っている。それは自分の生命力が衰えていることを感知するためのたいせつなセンサーである。

「飽きる」ことができないというのは、システムの死が近づいていることに気づいていない病的徴候である。

このコラムの文章に私が感じたのは、その病的徴候である。

どうしてこのコラムニストは自分の書いている文章に飽きないでいられるのか。

それについて考える。

コラムが首相に求めている「沖縄県民、米国、連立与党のいずれをも満足させる道」などというものは存在しない。存在するのは「沖縄県民、米国政府、日本政府（さらには中国、韓国、台湾など周辺諸国）のいずれにとっても同程度に不満足な道」だけである。

外交上のネゴシエーションというのは「全員が満足する合意」ではなく、「全員が同程度に不満足な合意」をめざして行われる。「当事者の中で自分だけが際立って不利益を蒙《こうむ》ったわけではない」という認識だけが、それ以上の自己利益の主張を自制させるからである。それがふつうの外交上の「落としどころ」である。

外交というのは、当事者の「いずれをも満足させる道」だとこの論説委員が本気で信じているとしたら、それはずいぶん夢想的な考え方であると言わねばならない。だが、私はこの論説委員はそんなことを信じていないと思う。それほどイノセントで夢想的な人間が、タイトな人間関係やどろどろした派閥力学を乗り越えて、ある程度の社内的地位に達せるはずがないからである。

彼自身は「当事者全員が満足するようなソリューション」などというものが存在することを信じていない。それを生身の経験では熟知しているはずである。にもかかわらず、コラムには「自分が信じていないこと」を平然と書ける。私はこれを「病的」と申し上げているのである。

自分が信じていないし、そう思ってもいないことを書けるのは、彼が自分の仕事を「自分の意見」を述べることではなくて、「いかにも大新聞の朝刊のコラムに書いてありそうなこと」を書くことだと思っているからである。

これは誰の意見でもない。

「世論」である。

「世論」というのは、「それを最終的に引き受ける個人がいない」意見のことである。というと異議を申し立てる方がいるかもしれない。マジョリティが支持しているものが「世論」ではないのか、と。だったら、多くの個人がその主張の責任を進んで引き受けるのではないか、と。

違います。

人間が引き受けることのできるのは、「自分の意見」だけである。

「自分の意見」というのは、「自分がそれを主張しなければ、他に誰も自分に代わって言ってくれるひとがいないような意見」のことである。「自分が情理を尽くして説得して、ひとりひとり賛同者を集めない限り、『同意者集団』を形成することができそうもない意見」のことである。

それは必ずしも「奇矯な意見」ではない。むしろしばしば「ごくまっとうな（ただし身体実感に裏づけられているせいで、理路がやたらに込みいった）意見」である。

なにしろ、自分が言うのを止めたら消えてしまう意見なのである。

そういうときに「定型」的な言いまわしは決して選択されない。

なぜなら、「ああ、これはいつもの『定型的なあれ』ね」と思われたら「おしまい」だからである。だから、「自分の意見」を語る人は、決して既存のものと同定されることがなく、かつ具体的にそこに存在する生身の身体に担保された情理の筋目がきちんと通っているような言葉づかいを選ぶはずである。

「自分の言葉」とは小林秀雄ふうにいえば「考える原始人」の言葉である。

「世論」とはその反対物である。

誰もそれについて最終的に責任を引き受ける気がないにもかかわらず、きわめて多くの人間の支持を得る意見には、身体実感という「担保」がない。「みんながそう言っている」ことを自分もただ繰り返している。「なぜ、あなたはそう言うのか？」と訊かれたら「あの人が言ってたから」と答えて、発言の責任は無限に先送りされて、どこかに消えうせる。

それが「世論」である。

このコラムは典型的な「世論」の語法で書かれている。

新聞のコラムというのは「そういうものだ」という醒《さ》めた感懐をたぶん持ってこのコラムニストは定型を書き飛ばしている。それが書けるのは「自分が書かなくても、誰かが同じようなことを書くだろう」と思っているからである。たぶん、多くの記者たちは、そう自分に言い聞かせて定型的な文章を書く自分との折り合いをつけているのだと思う。自分が書かなくても、どうせ誰かが書くのだから、自分ひとりがここで「こういうのを書くのはもういい加減にしないか」と力んで見せても始まらない、と。新聞の凋落《ちょうらく》にはさまざまな説明があるけれど、「私には言いたいことがある。誰が何と言おうと、私は身体を張っても、これだけは言っておきたい」というジャーナリストがジャーナリストであることの初発の動機をどこかに置き忘れたためだろうと私は思っている。

（二〇一〇年四月）

従者の復讐

取材で鳩山政権の迷走について訊かれる。

どうして日本政府はアメリカに対して毅然《きぜん》とした態度が取れないのかというお訊ねである。

メディアは単純に「それは総理が無能だから」という属人的な説明でケリをつけようとしている。もちろん、統治者の資質が外交の成否に深く関与するのは事実である。

だが、現在の日本のメディアの、すべての政治的できごとの成否を属人的な能力によって説明するスキームの定型性に私はいい加減うんざりしている。

たしかに、外交がうまくいっていないという事実に為政者の個人的能力は深く関与している。けれども、それが外交の失敗のすべての理由であるとしてそれ以上の吟味を放棄するのは、思考停止である。歴代の統治者たちが組織的にある外交に失敗するとしたら、それは属人的な要素によっては説明できない構造的な問題があるのではないかと考えるのが科学的な考え方である。

日本のジャーナリストには、この「構造的な問題」を「科学的に考える」という構えが致命的に不足しているように思われる。

日米間には権力的な非対称関係がある。端的に言えば、日本はアメリカの軍事的属国である。

これは歴史的事実である。

日本人は全員その事実を知っているが、「知らないふり」をしている。だから、改めて「どうして日本はアメリカに対して毅然とした態度が取れないのか」などと凄んでみても始まらない。話は「そこから」始まっているわけで、「そこ」に話を戻しても私たちは日米関係について何ら新たな知見を得ることができない。

問題は「どうして日米の権力的非対称関係を熟知していながら、知らないふりをする」という佯狂《ようきょう》的な戦略を日本人が国民的規模で採用しているのかということである。

さらに言えば、それは「どのような外交的得点を日本にもたらすのか」ということである。

基本的なことを確認しておこう。

人間は「自分の得になる」と思うことしかしない。日本がアメリカの風下に立って、外から見るとどうにも醜悪な「従者」のふるまいをしているのは、それが「自分の得になる」と思っているからである。

日本の「得」とは何か。

アメリカの従僕として、その「獲物の分け前」に与ることか。

多少はそれもあるだろう。

けれど、そのようなふるまいはただ日本人の国民的誇りを傷つけるだけで、得たよりも多くを奪い去る。「アメリカに諂《へつら》って、余沢に浴する」のは差し引き勘定では「赤字」になる。人間は「赤字になるとわかっていること」はしない。

ということは、論理的に答えは一つしかない。

私たち日本人は「赤字になるとわかっていること」をすることを通じて、黒字を出そうとしているということである。

わかりにくい書き方ですまない。

国民国家にとっての「黒字」というのは一つしかない。それは国民的矜持《きょうじ》を高く保つことである。それ以外の、貿易赤字だの、不況だの、格差だの、仮想敵国の脅威だのということはそれが国民的矜持を傷つけない限り、副次的なトラブルにすぎない。しかし、国民がその国の国民であることを恥じるようになったら、外貨準備があっても、景気がよくても、平等でも、平和でも（などということはありえないが）、その国は終わりである。

国民国家である日本に課せられた課題は一つだけである。

それは、日本人が日本人であることに誇りをもつことである。それが達成されれば、ボロを着てようが、粗食に甘んじようが、敵に取り囲まれていようが、国民国家的には「黒字」なのである。

それはもちろん国民ひとりひとりの個人生活における「幸福」とは関係がない。個人的には「きれいな服着て、うまいもん食って」いれば、国なんて滅んでもオレはどうでもいいよという人はたくさんいる。私は「国家」の話をしているのである。個人の話をしているのではない。そして、普天間基地は「国家の問題」なのである。だから、これについての国民的な構えは「国民国家としての黒字」をどうやって出すか、という問いに絞り込まれる。

まず原理的なことを確認しておこう。

外交はゼロサムゲームである。一方が失った分が他方の得点になる。

基地問題で、日本の「得点」になるのは「米軍基地の国外移転と用地返還」だけである。

それはアメリカが許さない。

その理路についてはすでに何度も書いた。それは別にアメリカの西太平洋における軍事的に実証的な根拠があってのこだわりではなく、幻想的な「西漸圧力」にアメリカ国民が抗しきれないからである。

となると、日本に残された選択肢は論理的には一つしかない。

それは「アメリカの失点」である。

基地問題をめぐる外交交渉をめぐって、手札の限られた日本に許される「勝ち」は、「この交渉を通じてアメリカの国力を殺ぐこと」である。アメリカ政府高官たちを悪代官的な「憎々しげ」な対応に追い込み、日本人の反米感情に心理的エネルギーを備給し、アメリカとは「軍事力だけで属国を恫喝《どうかつ》しているあくどい超大国」であるというイメージを広く国際社会に印象づけ、国際社会における威信を低下させ、覇権を脅かし、ついには「帝国の瓦解」を達成することである。

基地交渉の過程でもし、日本政府がアメリカの植民地主義的本質を露呈させることに「成功」するならば、沖縄の基地問題が「解決しない」ということそれ自体が日本のアメリカに対する「得点」にカウントできる。

この理路にご同意いただけない方もいるかも知れないから、もう少し説明しよう。

日本がほんとうに「親米的」であり、かの国の行く末を真剣に気づかっているとする。だとしたら、日本がまずなすべきことは、アメリカとその「仮想敵国」たちのあいだの和解を周旋し、アメリカが「世界から敬愛され、その繁栄を世界中の人が望むような国」になるように一臂《いっぴ》の力を貸すことであろう。そのために短期的にはアメリカ政府をきびしく叱正したり、怒鳴りつけたり、その協力要請を断ったり、という「教育的指導」があって然るべきである。

ところが、戦後六十五年間日本人は「そんなこと」を一度もしたことがない。日本はアメリカが世界中の人々から敬愛され、その繁栄を世界中の人々が望むようになるためには指一本動かさなかった。

これはほんとうである。

その代わりに、朝鮮戦争のときも、ベトナム戦争のときも、アフガン侵攻のときも、イラク戦争のときも、「それをするとアメリカの敵が増える政策」について、日本政府はきわめて熱心な支持者であった。イラク戦争開始時、ヨーロッパの多くの国がその政治的大義についても軍事的見通しにも、つよい疑念を投げかけていたときに、小泉純一郎はこれを世界に先駆けて断固支持し、ジョージ・ブッシュの背中を押して、アメリカを「出口のない戦争」に導き入れた。

私の判断では、小泉純一郎は「アメリカ帝国の没落」に最も大きな貢献を果たした外国人政治家の一人である。それゆえ、私は小泉の対米戦略をもっぱら「悪意」という動機によって説明できると考えている。

彼はA級戦犯の祀られている靖国神社に公式参拝して、アメリカ主導の東京裁判の歴史的意義を全否定してみせた。また「規制緩和・構造改革」と称して、あきらかに日本の風土になじまないアメリカ的モデルを強権的に導入し、日本国民全員が痛みのうちに「だから、アメリカの制度はダメなんだ」という合意に達するところまで社会制度を破壊してみせた。彼がその政策のすべてに失敗したにもかかわらず、いまだに根強い国民的人気を誇っているのは、彼がたぶん歴代の総理大臣のうちでいちばんアメリカに対してひどいことをしたからである。

日本の「口にされない国是」は「アメリカと戦って、次は勝つこと」である。

敗戦の日に日本人は「次は勝つぞ」と言うべきであったのに、言わなかった。言えなかった。

圧倒的な彼我の軍事力の差がその言葉を言わせなかった。大日本帝国戦争指導部のあまりの無能ぶりがその言葉を凍りつかせた。だから、その言葉は日本人の「無意識の部屋」に閉じ込められた。それから六十五年間ずっと、その言葉は門番の眼を騙して、その部屋から「外」へ出ようともがいている。

抑圧されたものは症状として回帰する。フロイトの言う通りである。

日本人の「アメリカと戦って、次は勝つ」という抑圧された欲望はさまざまなかたちをとって回帰してきた。その中で、もっとも成功したのは「アメリカが愚かな、自滅的な外交政策を採るときにはそれを全力で支援する」というものであった。

別に珍しい話ではない。

侵略者に滅ぼされた旧家の王族は、父母を殺した王位簒奪《さんだつ》者の従者に採用された。屈辱的な仕事だ。そのとき、非力な彼に残された復讐の方途は一つしかない。それは王に迎合し、おもねり、へつらうことである。王の愚劣な意見をほめそやし、奸佞《かんねい》なものを忠臣だと持ち上げ、諫言《かんげん》するものを讒言《ざんげん》によって陥れ、酒色に溺れるように誘い、豪奢な宮廷を建て、無用な外征を全面的に支持してみせる。そのような阿諛追《あゆつい》従《しょう》によって「王を没落に導くこと」が従者に零落《れいらく》したものに許された、おそらくもっとも効果的な復讐なのである。

私は日本人は戦後六十五年かけて「従者の復讐」を試みているのだと思っている。

それがわかったのは、何年か前にハリケーンがアメリカ南部を襲ったときの現地レポーターの顔を見たときだった。

スラムの黒人たちが電器屋を襲い、窓ガラスを破って、オーディオを盗み出している資料映像をはさみながら、レポーターは濁流に呑まれた街を指さし、連邦政府の救援活動が遅々として進まないこと、移動手段をもたない貧しい黒人たちが取り残されて被害者となったこと、街では略奪やレイプが日常茶飯事化していることを「ほとんどうれしげに」報じていた。私はそのときに「主人の館」が焼け落ちるさまを薄笑いを浮かべながら見つめている「従者」のニヒリズムを見た思いがした。

なるほど、私たちはアメリカの滅亡を心底願っているのだ。

もちろんアメリカが没落するとき、日本もその余波で無事ではいられない。主人の館が焼け落ちれば、従者もまた寝る場所を失うのである。けれども、自国の没落を代償に差し出しても、アメリカの滅亡を達成することは日本人の歴史的悲願なのである。

私はさきに日本人は「アメリカの軍事的属国であることを知っていながら、知らないふりをしている」と書いた。だが、日本人がほんとうに知らないふりをしているのは「日本が従者として主人におもねることを通じて、その没落を念じている」という事実それ自体なのである。

私たちは沖縄基地問題を「それだけ」で見ているが、それはこれからも続く長い物語の一節にすぎない。

(二〇一〇年四月)

あとがき――「武道的」ということ

最後までお読みいただきまして、ありがとうございました。

通読してみましたら、ずいぶんといろいろなトピックについて書いていますが、やっていることは最初から最後まで同じことのようです。それはタイトルにお示ししたように、「武道的にふるまう」ということです。

武道の目的は、端的に「生き延びる」ことです。

生き延びるチャンスをどれだけ高めるか。傷つけられ、生命力を失うリスクをどれだけ切り下げるか。そのシンプルな目標に全身全霊を集中させる。それが「武道的」という構えだろうと思います。

多田先生から以前「武士は用事のないところには行かない」という話をうかがったことがあります。これにはっと胸を衝かれました。よんどころない事情があって他出するのは仕方がないが、用もないのにふらふら出歩いて、トラブルに巻き込まれたり、怪我を負ったり負わせたりすることは武士道に悖《もと》る。

ところが、僕たちの社会はそれとまったく逆の原理で導かれています。とにかく用がなくても、外にさまよい出て、新しい知り合いを作り、何か目新しいことに遭遇するのは端的に「よいこと」だというのが僕たちの社会の「常識」です。それが「アクティブ」だとか「クリエイティブ」だとか呼ばれる。僕も若い頃はそう思っていました。用もないところにでかけて、言わなくてもいいことを言い、しなくてもいいことをして、さまざまな「冒険」的な経験をして、たくさんのトラブルに巻き込まれました。ところが、合気道を始めた頃からそういう「アクティブ」なふるまいに対する興味が急激に希薄になりました。毎日判で押したようなルーティンを繰り返すことがだんだん楽しくなってきました。

ルーティンの最大の手柄は（本書の中でも触れましたが）変化に対する感受性が高まることです。判で押したような生活をしていると、「昨日と違うこと」が際立って感知される。それは四季の変化（「ひとこそみえね　秋はきにけり」）というような穏当な情報の場合もあるし、もっと不穏な情報である場合もある。要人護衛のSPたちは、必ず前日にルートを点検します。そして、当日になって「昨日あったものがない」「昨日なかったものがある」ときにアラームが発動するように訓練されています。「同じ行動を繰り返す」というのは、このアラームの感度を高いレベルで保持する上ではたいへんに実効的なのです。

クロード・レヴィ＝ストロースはその『悲しき熱帯』の冒頭をこんな言葉で始めています。

私は旅と冒険家が嫌いだ。けれども私はいま自分の冒険譚を語ろうとしている。その決断を下すまでに、どれほどの時間が必要だったことか！　私が最後にブラジルを離れて十五年が経つ。その十五年の間、私は何度もこの本を書こうと思い、そのつど疚しさと嫌悪感がその企図を押しとどめた。（Lévi-Strauss, *Tristes tropiques*, Plon, 1955, p. 9）

「旅と冒険家が嫌いだ」という宣言からレヴィ＝ストロースはその歴史的名著を書き始めました。この一文をレヴィ＝ストロースは気質的には「書斎の人」だったのだろうと大学生のときの僕は表面的に解釈していました。でも、それにしてはどうもひっかかる。この一文は喉にささった小骨のように三十年以上「うまくのみこめない」言葉として、僕の脳裏にとどまりました。レヴィ＝ストロースは「武道的な思考をする人」だったのではないか、と思うようになったのはずいぶん後になってからのことです。そう解釈するといろいろなことのつじつまが合う。

レヴィ＝ストロースは民族誌学者として、あらゆる先入観を排して、とにかく徹底的に対象を観察する人でした。そして、表層的な「差異」の向こう側にある、すべての人間集団に共通する不可視の構造を見通そうとしました。レヴィ＝ストロースはパリの研究室にこもって膨大な「研究カード」の比較考量を通じてその仕事をなしとげたのですが、「旅と冒険」はその第一次資料を確保するための「やむをえない外出」としてレヴィ＝ストロースには観念されていたのでしょう。ですから、「旅と冒険家が嫌いだ」という宣言には、（おそらくレヴィ＝ストロースの周囲にたくさんいたはずの）「旅好き、冒険好き」な学者たち（インディアナ・ジョーンズ博士タイプの）が、旅と冒険がもたらす興奮と快楽を愛するあまり、研究対象の観察と分析をいささか疎かにしたことに対する痛烈な皮肉が込められているような気がします。学者の本務は「よりカバリッジの広い、よりシンプルな仮説の提示であり、自余のことは論ずるに足りない」という立場に徹していたレヴィ＝ストロースの言葉に僕は「武士は用事のないところにはゆかない」という多田先生の言葉と通じるものを感じるのです。

「武道的」というのはそのようなぎりぎりまで削ぎ落とされた合理性のことです。

使えるものは何でも使う。無用なことはしない。生き延びるチャンスを高める選択肢はためらうことなくつかむ。心身のパフォーマンスを下げることはしない。

しかし、そのような徹底した合理性が僕たちの生きている社会では、少しも顧みられていないような気がします。権力も財貨も威信も情報も文化資本も、それ自体には何の価値もない。ただ、それが心身のパフォーマンスを向上させる上で有用である限り、「使えるなら使う」というクールな合理性を基準にてきぱきと活動している人に出会うことはごくごく例外的な経験です。ほとんどの人は、身を削って権力にしがみつき、金を稼ぎ、情報入力が多すぎて判断を曇らせ、無用な努力のせいで不機嫌になっています。そういうのは「武道的に考える」と、あまり賢いこととは言えません。

武道的観点から言うと、こんな本を書くのさえ、ほんとうは「よけいなこと」なのかも知れません。だって、この本を読んで腹を立てる人は、武道やスポーツの関係者ばかりでなく、ジャーナリストにも政治家にも官僚にも、たくさんいるはずだからです。わざわざ人が楽しく暮らしているところにずかずか入り込んでいって、思い切り足を踏みつけるようなことをしているわけで、そのどこが「武道的」なのかと詰問されると、僕も弁明に窮します。

けれども、一つ言い訳させていただければ、現代日本において、「武道的」であるというのはどういうマインドセットのことであるかということをアナウンスすることは、やはり「よんどころない用事」の一つではないかと思うのです。これは決して「行かなくてもいいところ」「しなくてもいい話」ではないと思うのです。「誰かがしなければいけない話」であり、「誰かが負わなければならないリスク」なら、しかたがないから僕がやるよという、「よけいなおせっかい」もまた武道家に固有のエートスのようにも思われるのであります。

長い言い訳になりましたが、そういうことです。はい。

終わりに、編集の労をとってくださった吉崎宏人さんにもう一度お礼を申し上げます。このような不穏な本を筑摩選書の最初の巻に掲げてくださった筑摩書房の度胸にもあわせて敬意を表したいと思います。また、合気道多田塾の諸先輩、同門のみなさんには多くのご教示と示唆を与えてくださいましたことに感謝を申し上げます。そして、何より多田先生にはこのような不出来な弟子を三十五年以上にわたり忍耐強くご指導くださいましたことに心からお礼を申し上げます。ありがとうございました。

二〇一〇年九月

内田　樹

解説

安田 登

本書のタイトルは「武道的思考」である。

そこで本を開く前に「武道的思考」って何だろうと考えた。

むろん本書を読めば、その答えは書いてあるだろう。しかし、それを読む前に自分で考えたい。なぜならそれこそが「武道的思考」の、まずは第一歩であると（勝手に）考えたからである。

読者の方もぜひ考えてみていただきたい。

「武」とは何か。そして、それが「道」を引っ提げて「武道」となったときに何が変わるのか。そんなことを考える。そこではじめて気がついた。この解説を書くという依頼をいただくまで、「武」とは何かをちゃんと考えたことがなかった。せっかくのチャンスだ。ちょっと気合を入れて考えてみようと思った。

そして考え始めてまたまた気がついた。いままで「武」について考えて来なかったので、考えようとしてもちゃんと考えられない。「武」について漠然と思うことはできる。しかし、それでは考えにはならない。考えるということはなかなか難しいものである。

私は現代人であるので、脳の一部をクラウド化している。そこで、まずはそれをここに引き落とすことにした。

ネット上にある「先秦甲骨金文簡牘詞彙資料庫」というサイトに行き、「全文検索資料庫」で「甲骨文」にチェックを入れて「武」を引く。すると「武」が使われている甲骨文が三三三片現れた。それらをノートに写しながら、ひと通り読む。次に「金文」にチェックを入れて「武」を引く。こちらは二〇三と甲骨文より少ないが、しかし文章は長い。ノートに写すと大変なので、それはせずにひと通り読む。甲骨文の「武」と金文の「武」との間にあるニュアンスの違いなど気になることが多い。「武」とは何か、余計にわからなくなった。しかし、わからないことをわからないままに頭の中に突っ込んで、少しのあいだ散歩をする。

この散歩の間に余計なことは削ぎ落とされ、身に残ったものが考えるための材料となる。

古代中国や古代日本の武人たちのことも考えてみる。今まで武人にもあまり注目してこなかったことにも気がついた。『史記』を開き、『古事記』を開く。何人かのエピソードを頭の中に入れたら、また捨て去るための散歩をする。

そんな風に「武」や「武道」について考えたあとに「的」を入れてみた。驚いた。「武道」と「武道的」は、まったく違う人のように見えるのだ。そうそう。ゆっくりと考えていると、概念が「人」に見えてくる。「武」という人、「武道」という人、「武道的」という人。みんな違う。何が違うかというと自分との距離が違う。一番遠いのは「武道的」である。概念として抽象化され、遠くの方にぽつんと佇む。ところが「武道的思考」と言ったとたんに、そいつが自分の中に飛び込んできた。「武道的思考」という概念が、自分の身の内に入ったとき（身内になったときですね）、はじめて本を開く。目次を見る。案の定、あとがきに〝「武道的」ということ〟というのがあった。危ない、危ない。それを読む前に考えておいてよかった。

私が考えた「武道的」と内田さんが考える「武道的」とでは違っている。が、それは構わない。参考書ではない。正解を求めるような読書はしていない。しかし、明らかな自分の勘違いもあった。真剣に考えたあとならば、それは自ずと見えてくる。自分の考えを微調整する。

が、まだ読み始めない。

内田さんの本には、ひとつ（あるいは複数）の結論に向けて話が論理的に構築される種類のものと、ブログなどの内容がいくつも集められている種類のものがある。本書は後者である。

同じ類の本を古典で探せば『論語』や『新約聖書』の「福音書」などがそうだろう。その特徴は、要約ができないということだ。作者が何を言いたいかをまとめることができない。孔子やイエスの次の世代になると、それができるようになる。『孟子』や『新約聖書』の「パウロの書簡」などだ。内田さんでいうと前者の書籍群だ。

前者と後者の違いは何かというと想定読者ではないだろうか。前者は（おそらくひとり、あるいはひとつのグループの読者を想定して書いている。後者は、読者が固定されていない。イエスや孔子ならば、行く先々、会った人ひとりひとりに向けて語られている。本書もいろいろだ。だから全体を通して読むと矛盾があったりする。それはそうだ。相手が違えばいうことも変わる。それは「武道的」であるはずだ。

あ、孔子やイエスも武道家だったのか。

このような本の読み方は、おみくじのようにぱっと開いたところを読むのが楽しい。夏目漱石は小説ですら「こうして、御籤を引くように、ぱっと開けて、開いた所を、漫然と読んでるのが面白いんです（『草枕』）」という。本書のような本は特にそうだ。

しかし、本としてまとめられているからには編集という作業が入っている。本書でも各章ごとにタイトルが付き、その下にはそれに関連する話が集められている。この章タイトルを付け、そこにブログなどから集めたものをタイトルの下に載せたのが内田さんご本人なのか、編集の方なのか。聞けばすぐに教えてくれるだろうが、それは聞かない方が楽しい。ただ目次と章タイトルを眺め、ひとつひとつゆっくり考える。

第一章の「武道とは何か?」から始まり、第二章は「武道家的心得」と続く。しまった。武や武道、武道的について考えていたが、「武道家」について考えていなかった。でも、もう読みたい。「武道家」についてゆっくり考えている余裕はない。仕方がなくグーグルで「武道家」を検索してみた。後悔した。なんとラーメン屋ばかりが出てくる。インターネットがビジネスのツールになり、検索エンジンですらマーケティング仕様になっているその末路を眺めて、まったく違うことを考えた。

が、気を取り直して目次を読み進める。第三章は「武道の心・技・体」、ここが一番惹かれるなと思いながら、自分にとっての「武道の心・技・体」を考えてみる。あれ?　武道における「技」と「体」との違いがよくわからない。ならば能における両者の違いはどうか。これならば何となくわかる。そこから武道における「技」と

「体」を類推しておき、あとは本文で確認しようと思って目次に戻る。

第四章は「武士のエートス」である。おお、起承転結の「転」だ。本章から目は個人から社会に向けられる。

江戸時代、武士は武闘集団であり、政治家であり、官僚であり、そして経済人でもあった（商売人ではなかったが）。「武士のエートス」は政治家のエートスでもあり、官僚のエートスでもあり、経済人のエートスでもある。

内田さんは、本書で「やっていることは最初から最後まで同じ」、すなわち「武道的にふるまう」ということだと書いている。武士とは、この「武道的にふるまう」人のことをいうのである。そして、武道の目的を内田さんは端的に「生き延びる」ことだという。

生き延びるチャンスをどれだけ高めるか。傷つけられ、生命力を失うリスクをどれだけ切り下げるか。そのシンプルな目標に全身全霊を集中させる。それが「武道的」という構えだろうと思います。

そのためにルーティンを重視するという。ルーティンの最大の手柄は「変化に対する感受性」が高まることだ。「昨日と違うこと」が際立って感知される。要人警護のSPたちにとっては「昨日あったものがない」「昨日なかったものがある」ときに発せられるアラームの発動によってリスクを回避できるようになる。

エートスとは「いつもの場所」が原義である。ルーティンだ。それを行えばうまく行くような方法を古代中国では「徳（德）」と言った。左側の「彳」は「行（道）」の省略形。右側の上部は「直」、すなわち呪飾を施した目でまっすぐに見ることをいう。そして、それに心がつく。「この道をまっすぐに行けば、正しいところに行ける」、それが「徳」であり、「道徳」であり、エートスである。また、エートスから派生したエシックス（道徳、倫理）でもある。

遠く未来を眺め、そこに正しく行くための道を選択するのが「道徳」であり、エシックスなのである。

小学校の卒業アルバムですら廃棄しないのに、国家としての重要な書類を廃棄する現代日本の省庁。隠蔽はしたがウソはついていないというエシックスなき官僚や政治家たち。人々の不安をあおり、ニーズのないところにニーズの穴を開け、不要なものまで売り込むエシックスなき経済人たち。さまざまな崩壊を予期しながらも、それに目をつぶり、目先の利益のために邁進する人々。

現代日本を運営している、かつての武士たちは、いまやエシックスなき人々である。彼らは武道的ではなく、だから武士ではない。そんなことが浮き彫りになる章だ。

そして最終章は「二十一世紀的海国兵談」である。前章で日本国内の社会に向けられた目は、本章において外との関係に向けられる。外国との関係は外交によって行われる。外交は国家の重要事である。孔子は弟子たちを、まずは外交の専門家（使）として育てた。見えない未来を見る力を「望」といい、聞こえない声を聞く力を「聖」といった。そして、そこに未来への道をつけるのが「徳」であり、それらの力を使って行うのが外交だ。

それは下手な将棋や碁のように、定石同士の戦いではない。

内田さんは、外交や軍事にまったく向かない人の代表として東条英機をあげる。彼は「百点答案」を書くことにしか興味がない秀才であるという。定石をたくさん覚えている秀才だ。彼がイメージするのは「百戦百勝」という不可能な軍事的事実だ。そんな不可能なことを可能だと思うのは「過去に不可能であった単称言明から、それが未来永劫不可能であるという全称言明は帰納できない」というヒューム的遁辞が用意されているからだという。

軍事の要諦は「敵を作らない」ことと「隙を作らない」ことである。ここでいう

「隙を作らない」ということは、「次にどういう動線を選択するか予測できない」ということだ。しかし、「百戦百勝」を可能と考える秀才軍人たちは「敵を作ること」と「隙を作ること」をほとんど本務として職務に邁進してしまう。

東条英機のような秀才型の軍人たちは、生存のために敵を作らないという武道的とは遠く離れた人たちである。そして、残念ながら今の日本の外交もそうであろう。エシックスなき政治家に、外交はできない。

本書は前半において自分のことを考えさせられ、後半で社会のことを考えさせられる。でも、やはりおみくじのようにぱっと開き、そして紙上の内田さんと会話をしながら読みたい。

ああ、大好きな項がいくつかあるのだが、それに触れている紙幅はなくなってしまった。マタギの工藤さんと歩いたことも書けなかった。実は工藤さんと歩くときに内田さんも誘ったのだが、「ぼくはシティボーイだから」と断られた。マタギの身体性を身をもって知るいい機会だと思ったが、一歩間違うと足を折るような道（実際に骨折する人もいるらしい）。なるほど、内田さんはこのような道をも予見して、危うきに近づかないという「武道的」選択をしたのかとあとで思った。

本書はいろいろな読み方ができると思います。みなさま、お楽しみください。

本書は小社より二〇一〇年一〇月に刊行されました。